M

DER HAUSHALTS-RATGEBER

STEPHANIE DONALDSON

DER HAUSHALTS-RATGEBER

Bewährte Tipps & Rezepte für das Leben von heute

CHRISTIAN VERLAG

Aus dem Englischen übersetzt von Cornell Ehrhardt
Redaktion: Inken Kloppenburg Verlags-Service, München
Korrektur: Beate Schlachter
Umschlaggestaltung: Horst Bätz
Herstellung: Dieter Lidl
Satz: Fotosatz Völkl, Puchheim

http://www.christian-verlag.de

Die Originalausgabe mit dem Titel *Household Wisdom* erscheint gleichzeitig
im Verlag Collins & Brown Limited, London.

Entwickelt, gestaltet und herausgegeben von Collins & Brown Limited, London.

Veröffentlicht in Zusammenarbeit mit The National Magazine Company Limited.

Design: Christine Wood

Druck und Bindung: Dai Nippon Printing Co (Hong Kong) Ltd
Printed in Hong Kong

ISBN 3-88472-484-3

HINWEIS

Alle Informationen und Hinweise, die in diesem Buch enthalten sind, wurden vom Autor nach bestem Wissen erarbeitet und von ihm und dem Verlag mit größtmöglicher Sorgfalt überprüft. Unter Berücksichtigung des Produkthaftungsrechts müssen wir allerdings darauf hinweisen, dass inhaltliche Fehler oder Auslassungen nicht völlig auszuschließen sind. Für etwaige fehlerhafte Angaben können Autor, Verlag und Verlagsmitarbeiter keinerlei Verpflichtung und Haftung übernehmen.

Korrekturhinweise sind jederzeit willkommen und werden gerne berücksichtigt.

Inhalt

Vorwort

Willkommen bei *Der Haushaltsratgeber*, einem Buch über traditionelle Haushaltskenntnisse, die auch heute noch von Bedeutung sind und das Leben erleichtern. Ein gepflegtes Zuhause hat schon immer großen Einfluss auf unser Wohlbefinden ausgeübt, und gerade in einer Zeit, in der Hektik und Stress das Leben prägen, ist ein beschauliches, geordnetes und sauberes Umfeld, das Ruhe und Frieden vermittelt, besonders wichtig. Aber wir möchten nicht allzu viel Zeit in Putz- und Aufräumarbeiten sowie Pflichten im Haushalt investieren, was unsere Freude, zu Hause zu sein, trüben würde.

Auf den folgenden Seiten finden Sie vielfach erprobte Tipps, wie man die Arbeit erleichternde Geräte und moderne Reinigungs- und Putzmittel am besten nutzt, sowie altbewährte Hausmittel und Rezepte, die heute noch genauso ihre Wirkung zeigen wie vor Jahrhunderten.

Jeder Bereich der Hausarbeit wird umfassend behandelt; ganz unkompliziert lassen sich im Handumdrehen Ordnung und Atmosphäre inmitten von Chaos schaffen. Es ist ein Buch für Menschen, die ein geschäftiges Leben führen; die Ratschläge sind klar und präzise und können von jedem leicht und problemlos umgesetzt werden. Ich hoffe, die Lektüre macht Ihnen Spaß.

Susy Smith

Einführung

Wir leben in einer Zeit, in der wir unaufhörlich – im Fernsehen, in farbigen Zeitungsbeilagen und in der Werbung – mit Bildern von tadellosen Haushalten bombardiert werden; gleichzeitig haben wir aber viel weniger Zeit als jemals zuvor für Haushaltspflichten, geschweige denn für all die Kleinigkeiten, die ein Zuhause erst in ein gemütliches Heim verwandeln. In der Vergangenheit, als Frauen zu Hause blieben, nahm die Hausarbeit einen Großteil ihres Alltags ein. Es gab nur wenige Geräte, die die Arbeit erleichterten, und Mütter brachten ihren Töchtern alle notwendigen Fertigkeiten bei, bevor diese ihren eigenen Hausstand gründeten. Heute ist Hausarbeit nicht länger reine Frauensache; wir teilen uns (hoffentlich) die Arbeiten mit unserem Partner, wir haben für alles eine Maschine und spezielle Hilfsmittel, doch oftmals mangelt es uns an den Grundtechniken, um die Hausarbeit schnell und effektiv zu erledigen. Und nur allzu oft halten wir uns für unfähig, sind zermürbt und verärgert bei unseren Versuchen, den Erwartungen gerecht zu werden, die wir an uns selbst als Verdiener, Eltern und Hausfrauen stellen.

Aus diesem Grund führt dieses Buch den Leser durch das gesamte Haus und bietet für jeden Bereich Ratschläge, Tipps, traditionelle Rezepte und stilistische Tricks, die dazu beitragen, Ordnung zu halten und eine behagliche Atmosphäre zu schaffen. Ziel des Buches ist nicht der »perfekte« Haushalt, es will vielmehr ein nützlicher und interessanter Ratgeber sein, in dem man bei Bedarf nachschlagen kann und der auf vielen Seiten in besonders hervorgehobenen Kästen Informationen bietet, wie in einem unaufgeräumten Zimmer innerhalb kürzester Zeit Ordnung und Atmosphäre entstehen. Auch altmodische Verfahren haben ihren Platz, allerdings nur dann, wenn sie einfach und effektiv sind. Dieses Buch ist dennoch keine nostalgische Reminiszenz an die Vergangenheit – wenn ein modernes Produkt die beste Lösung ist, wird es auch empfohlen.

Einige Ratschläge verursachen zunächst zwar zusätzliche Arbeit, doch führen sie dazu, dass sich anschließend weitaus leichter Ordnung halten lässt. Doch sollte man das Ganze auch nicht zu weit treiben – Sauberkeit ist zwar wichtig, aber Ordnung ist relativ, und wenn Sie gerne im Durcheinander leben, sollten Sie sich entspannen und es genießen.

Denken Sie einmal an das einladendste Heim, das Sie kennen – es ist selten besonders aufgeräumt oder modisch. Vielmehr kommen Ihnen Begriffe wie Behaglichkeit und Atmosphäre in den Sinn – der Wäscheschrank mag zwar unordentlich sein, aber es fehlt auch die kühle Anonymität des Musterhauses, weil sich die Besitzer mit geliebten Dingen umgeben. Gäste können sich aufs Sofa setzen, ohne Angst haben zu müssen, sorgsam arrangierte Kissen in Unordnung zu bringen; Bücher liegen nicht als Requisiten auf dem Kaffeetisch, sondern um gelesen zu werden; und die Küche ist der Mittelpunkt der häuslichen Arbeit. Diese Menschen führen ein reales Leben, und das ist es, wonach wir alle streben sollten.

Ein Heim sollte so gestaltet sein, dass sich die Bewohner darin wohl fühlen, und nicht als Vorzeigeobjekt dienen, um andere zu beeindrucken. Kreativität kann in einer sterilen Umgebung nicht existieren – ein übertrieben ordentliches Kinderzimmer hindert Kinder am Spielen, und leer gefegte Arbeitsplatten in der Küche führen dazu, dass man diese Ordnung nicht durch Küchenarbeit zerstören möchte. Wenn schnelles, kurzes Aufräumen genügt, sollten Sie sich nicht zu mehr verpflichtet fühlen. Stattdessen werden Sie weitaus entspannter Ihr Zuhause genießen und sich von unnötiger Hausarbeit befreien.

In diesem Buch geht es also nicht allein um Sauberkeit und Ordnung, sondern auch darum, jene Lebensqualität zu erreichen, die Sie sich für Ihr Zuhause wünschen.

BRONTËS

DER WOHNRAUM

Teppiche und Läufer

Damit das gute Aussehen von Teppichen und Läufern bewahrt bleibt, sollte man sie am besten generell vor Verschmutzung schützen. Bei einem neuen Teppich empfiehlt sich die Imprägnierung gegen Flecke, durch die der Teppich zwei- bis dreimal länger sauber bleibt. Schmutzfangmatten an den Zugängen von draußen sind eine große Hilfe, und regelmäßiges Staubsaugen ist unerlässlich – es schadet dem Teppich nicht, fest sitzender Schmutz dagegen schon. Empfehlenswert ist ein höhenverstellbarer Staubsauger mit Klopf- oder Bürstfunktion; für eine effektive Leistung muss der Staubsaugerbeutel regelmäßig gewechselt beziehungsweise entleert werden. Neue Teppiche verlieren in der ersten Zeit häufig verstärkt an Flor – dies ist nicht ungewöhnlich und hört bei regelmäßigem Staubsaugen schon bald auf.

Teppiche reinigen

Das Verschütten von Flüssigkeiten und andere Missgeschicke lassen sich kaum umgehen. Anstelle von Teppichshampoos, die oftmals Rückstände hinterlassen und Flecken eher fördern als verhindern, sollte man eine Lösung aus ¼ Teelöffel mildem, klarem Geschirrspülmittel auf 250 ml lauwarmes Wasser verwenden. Zunächst entfernt man alle festen oder halbfesten Substanzen und bringt dann die Spülmittellösung auf ein weißes Tuch oder Küchenkrepp auf und nicht direkt auf den Teppich, damit dieser nicht durchfeuchtet wird. Dann wird der Fleck vom Rand zur Mitte hin abgetupft, und man wiederholt das Ganze noch einmal nur mit lauwarmem Wasser. Anschließend wird mit einem Tuch oder Küchenkrepp so viel Flüssigkeit wie möglich aufgesaugt. Dies wiederholt man, bis der Fleck entfernt ist oder offensichtlich wird, dass man zu stärkeren Mitteln greifen muss. Für hartnäckige Flecken sind die beiden folgenden Reinigungslösungen geeignet:

- 2 Esslöffel nicht bleichendes, nicht schäumendes Ammoniak auf 250 ml lauwarmes Wasser.
- 250 ml weißer Essig auf 500 ml lauwarmes Wasser.

Man geht wie bei der Spülmittellösung vor, bringt zunächst die Ammoniaklösung und dann den Essig auf. Anschließend legt man weißes Küchenkrepp auf die Fläche und beschwert es über Nacht mit einem schweren, farbfesten Gegenstand, wie etwa einer Spülschüssel, die mit Backsteinen gefüllt ist. Alle Fleckrückstände im Teppich sollten dabei vom Küchenkrepp aufgenommen werden. Bei schwerwiegenden Flecken empfehlen Teppichhersteller eine professionelle Reinigung mit Dampf oder heißem Wasser.

Abdrücke von schweren Möbelstücken beseitigen

Einen Eiswürfel in jede Vertiefung legen; wenn das Eis schmilzt, quellen die Fasern auf. Geht man dann mit dem Staubsauger darüber, richten sich die feuchten Fasern wieder auf.

Traditionelles Reinigen von Perserteppichen

Im Vorderen Orient wurden Teppiche gründlich ausgeklopft und umgedreht in frischen Schnee gelegt. Der Schnee zog den verbliebenen Schmutz heraus und frischte die Farben auf. Im georgianischen England streute man eine Mischung aus feuchten Teeblättern und Lavendelblüten über Teppiche, die den Schmutz und Gerüche aufnahmen, und bürstete sie anschließend wieder ab.

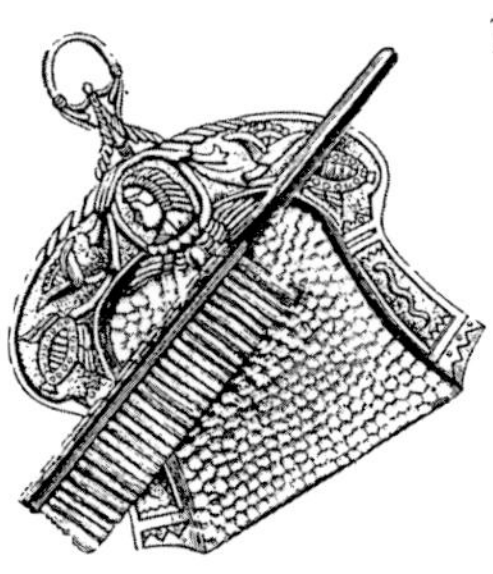

Rechte Seite: Teppichböden in stark belaufenen Bereichen wie Dielen und Fluren halten länger, wenn man Brücken oder Läufer darüber legt.

Bodenbeläge aus Naturmaterialien

Es gibt eine breite Palette solcher Beläge als Teppiche, Teppichböden und Läufer für Treppen und schmale Flure. Wer sich für eines der hier aufgeführten Materialien entscheidet, sollte bedenken, dass solche Bodenbeläge nicht übermäßig weich sind.

Binsenmatten

Dieser altbewährte Bodenbelag kann bei richtiger Behandlung eine Lebensdauer von 25–30 Jahren haben. Trockene Luft ist sein Hauptfeind, dem man durch regelmäßiges Besprühen der gesamten Oberfläche mit Wasser begegnet. In einem trockenen Haus mit Holzfußböden kann dies wöchentlich erfolgen, bei Steinböden oder hoher Luftfeuchtigkeit einmal pro Monat. Der Belag sollte zweimal jährlich weggerollt werden, um den darunter liegenden Schmutz saugen zu können.

Bodenbeläge verlegen

Bodenbeläge aus Naturmaterialien sollten zur Akklimatisierung 48 Stunden im Raum liegen bleiben, bevor sie zugeschnitten und verlegt werden, was stets durch einen Fachmann erfolgen sollte.

Sisal, Jute und Kokosfaser

Es ist noch nicht sehr lange her, dass man diese Art von Bodenbelag für minderwertig und unpassend für die besseren Räume des Hauses hielt. Sie waren beim Begehen rau, fleckenanfällig und nicht formbeständig. Dank neuer Verarbeitungstechniken sind die meisten dieser Probleme heute beseitigt, die Bodenbeläge behalten auch ihre Form, sofern sie von einem erfahrenen Fachmann verlegt wurden. Manche Beläge sind bereits vom Hersteller mit einem Fleckenschutz behandelt – ist dies nicht der Fall, lässt es sich beim Verlegen nachholen und so die Lebensdauer des Belages erhöhen.

Bodenbeläge dieser Art sollten regelmäßig abgesaugt werden, am besten mit einem Staubsauger ohne Klopfvorrichtung, um das Gewebe zu schonen. Um Schmutz und andere feste Substanzen zu beseitigen, entfernt man zunächst sorgfältig die losen Bestandteile und lässt den Rest trocknen. Dann bürstet man die Stelle in Geweberichtung mit einer harten Bürste sauber und saugt den losen Schmutz ab. Verschüttete Flüssigkeiten müssen unverzüglich mit Küchenkrepp oder einem saugfähigen Tuch aufgenommen werden, und zwar von außen nach innen, man drückt dabei fest auf den Belag, bis die gesamte Flüssigkeit aufgesaugt ist. Die Stelle sollte nicht zusätzlich angefeuchtet und keinesfalls mit einem Teppichshampoo behandelt werden. Lässt sich der Fleck nicht entfernen, zieht man einen Fachmann zu Rate.

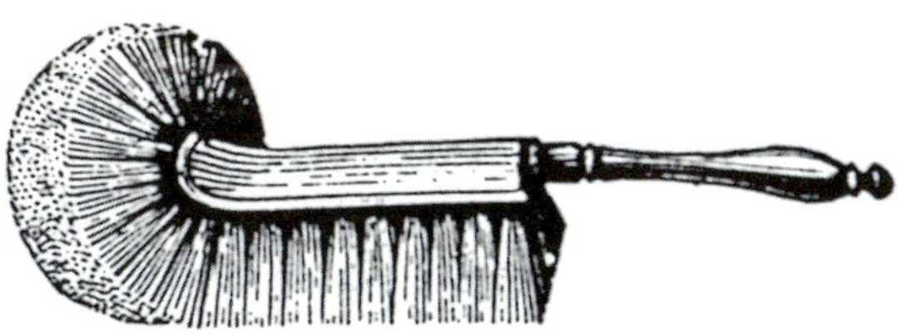

Linke Seite: Binsenmatten passen gleichermaßen gut zu einer modernen Innenausstattung wie auf alte, gebohnerte Holzböden.

Rechts: Bodenbeläge aus Naturmaterialien sind robuste, haltbare Alternativen zu herkömmlichen Teppichen – ideal für Familien mit Kindern und Haustieren.

Vorhänge und Rollos

Vorhänge müssen seltener gewaschen oder chemisch gereinigt werden, wenn man Staub und Spinnweben regelmäßig mit dem weichen Bürstenvorsatz des Staubsaugers (kleine Stufe) beseitigt. Haben die Vorhänge empfindliche Bordüren oder Besätze, die in den Bürstenvorsatz geraten könnten, deckt man diesen mit einem Stück Gardinenstore ab. Besondere Sorgfalt ist bei bodenlangen Vorhängen geboten. Vor dem Saugen oder Fegen des Bodens hebt man den Vorhang hoch, schüttelt ihn aus und legt ihn dann auf einen Stuhl oder einen anderen erhöhten Gegenstand, um den Fußboden gründlich säubern zu können. Wird der Fußboden gewischt, muss er erst vollständig trocken sein, bevor die Vorhänge wieder an ihren Platz kommen.

Unten links: Bei Vorhängen, die bis auf den Boden fallen, können sich Staub und anderer Schmutz zwischen den Falten sammeln, sodass sie regelmäßig gesäubert werden müssen.

Unten rechts: Stores kann man anbringen, um eine unschöne Aussicht zu verbergen oder um die Privatsphäre zu wahren.

Wie oft Vorhänge gewaschen oder chemisch gereinigt werden müssen, hängt von der Sauberkeit der Luft ab. In Gegenden mit hoher Luftverschmutzung oder in Räumen, in denen geraucht oder ein offener Kamin betrieben wird, müssen sie häufiger gewaschen beziehungsweise gereinigt werden. Gleiches gilt für Vorhänge in der Küche, wo beim Kochen Fettpartikel in die Luft abgegeben werden. Regelmäßiges Waschen lässt die Vorhänge nicht nur schöner aussehen, sondern in besserem Zustand hält der Stoff auch länger.

Chemisches Reinigen durch einen Fachbetrieb ist teuer und kann selbst nach drei Jahren oder länger überflüssig sein, wenn die Vorhänge noch sauber sind und gut aussehen. Gefütterte Vorhänge und solche mit Zwischenfutter vertragen normales Waschen zumeist nur schlecht, da die verschiedenen Materialien unterschiedlich einlaufen und sich die Nähte und Säume unschön zusammenziehen können. Entfernen Sie alle Gardinenhaken vor dem Waschen oder Reinigen, und ersetzen Sie schadhafte Haken vor dem Aufhängen.

Rollos

Spring- und Raffrollos, Jalousien und Lamellenvorhänge sollten regelmäßig bei niedriger Stufe mit einer weichen Bürste abgesaugt werden. Dekorative Raffrollos lässt man dafür herunter. Jalousetten, Lamellenvorhänge und Springrollos mit abwaschbarer Oberfläche kann man entstauben und anschließend mit einem sauberen, mit einer Spülmittellösung angefeuchteten Tuch abwischen. Jalousien aus Holz säubert man mit einem flüssigen Reinigungsmittel, das auch für Holzböden geeignet ist, und einem gut ausgewrungenen Tuch.

Wenn ein Springrollo sich nicht richtig zusammenrollt, muss es nachgespannt werden. Dazu zieht man das Rollo halb herunter, nimmt es aus den Klammern und rollt es von Hand fest auf. Anschließend setzt man es zurück in die Klammern und überprüft die Spannung. Reicht diese noch nicht aus, muss man möglicherweise den Befestigungsstift an einem Ende der Rolle verdrehen, bevor das Rollo zurück in die Klammern gesetzt wird.

Stores

Schmutzige Stores lassen sich problemlos in der Waschmaschine waschen; die Zugabe von handelsüblichem Gardinenweiß sorgt für ein frisches, leuchtendes Weiß.

Wo wertvolle Möbelstücke, Bilder oder andere Einrichtungsgegenstände durch einfallendes Sonnenlicht Schaden nehmen können, sollte man anstelle von Vorhängen (oder zusätzlich) Rollos anbringen.

Oben links: Die erstklassige Qualität des Leinens, das in der Vergangenheit für Geschirrtücher und Tischtücher verwendet wurde, hat dazu geführt, dass man es noch heute in gutem Zustand bei Trödlern oder auf Auktionen findet.

Unten links: Alte Stoffe mit ausgebleichten oder schadhaften Stellen können zugeschnitten und für herrliche Kissenbezüge verwendet werden.

Rechte Seite: Spitzendecken gehören im Allgemeinen nicht in unser modernes Leben – man kann sie jedoch als Alternative zu Stores verwenden.

Antike Textilien

Wertvolle antike Textilien sollten so wenig wie möglich strapaziert werden und sind am besten unter Glas, ohne direkten Lichteinfall, oder in Kisten – in säurefreiem Papier eingeschlagen oder eingerollt – aufgehoben. Diese überaus empfindlichen Textilien sollten ausschließlich vom Fachmann gereinigt werden, wobei selbst dieser mitunter empfehlen wird, ein Stück besser so zu belassen, wie es ist, damit es bei der Reinigung keinen Schaden nimmt.

Nicht alle alten Textilien sind jedoch unantastbare Familienerbstücke und können dekorativ zu Kissen, Patchwork-Quilts, als Bettdecken oder als Wandbehang verarbeitet werden. Beim Kauf antiker Textilien sollte man nachfragen, ob die Stücke in letzter Zeit fachmännisch gereinigt wurden oder ob Bedenken bestehen, dies zu tun.

Direktes Sonnenlicht bleicht Stoffe stark aus, sodass man alte Textilien nach Möglichkeit davor schützen sollte. Staub und Schmutz können sie buchstäblich verrotten lassen und ziehen außerdem Motten an. Antike Textilien lassen sich wie Vorhänge (siehe Seite 16) auf niedriger Stufe mit einer weichen Bürstendüse absaugen. Bei besonders empfindlichen Stoffen bespannt man den Bürstenkopf mit einem Stück Gardinenstore, damit lockere Fäden nicht herausgezogen werden. Da Motten sich am liebsten ungestört einnisten, sollte man Wandbehänge in regelmäßigen Abständen abnehmen und gründlich ausschütteln.

Antike Textilien waschen

Waschbare antike Textilien wie Patchwork-Quilts oder Spitze sollte man niemals in der Maschine waschen, nicht einmal im Schonprogramm. Die Bewegung in der Waschmaschine ist zu heftig, zum anderen sind die Farben in alten Stoffen nicht immer waschfest. Um dies zu überprüfen, feuchtet man ein weißes Tuch an und reibt damit ganz behutsam über jede der einzelnen Farben – zeichnet sich eine Farbe auf dem Tuch ab, weiß man Bescheid; läuft die Farbe nicht aus, kann der Stoff gewaschen werden.

Dazu faltet man das Stück locker zusammen und legt es flach in ein großes Gefäß (eine Badewanne ist gut geeignet), das mit kaltem Wasser und einem sehr milden Reinigungsmittel gefüllt ist. Nun drückt man behutsam auf den Stoff, damit sich der Schmutz löst. Wird das Wasser sehr schmutzig, sollte dieser Vorgang wiederholt werden. Man spült das Stück mehrmals aus, bis das Waschmittel restlos entfernt ist. Dann nimmt man das Textil aus dem Wasser, lässt das überschüssige Wasser ablaufen und breitet den Stoff zum Trocknen nach Möglichkeit flach aus. Gebügelt wird er bei niedriger Temperatur, zum Schutz mit einem Mulltuch bedeckt.

Antike Spitze stärken

Beim Waschen verliert Spitze ihren Stand. Zum Stärken von Spitze 25 g Gummiarabikum in 250 ml kochendem Wasser auflösen und abkühlen lassen. Die Spitze in die Lösung tauchen und trocknen lassen. Bei niedriger Stufe mit einem darüber gelegten Mulltuch bügeln.

Möbel und Fußböden aus Holz

Wenn es immer gut gepflegt wurde, nimmt auch das schlichteste Möbelstück mit der Zeit eine wunderschöne Patina an. Man möchte mit der Hand über seine Oberfläche fahren, um die satinweiche Glätte zu spüren und all jenen Anerkennung zu zollen, die es über die Jahre gepflegt haben. Erstaunlicherweise gehört dazu nicht stundenlanges Polieren. Ist ein Möbelstück erst einmal mit Politur versiegelt, braucht man diese nur noch von Zeit zu Zeit aufzutragen. Der National Trust in England lässt die Möbelstücke in seinen Häusern nur ein- oder zweimal im Jahr mit Wachspolitur behandeln, in der übrigen Zeit werden sie lediglich abgestaubt oder ein wenig nachpoliert. Nach Aussage der Experten »nährt« Politur das Holz nicht, sondern sorgt für eine schützende Schicht, die bei häufigem Auftragen allzu dick wird und die Oberfläche matt erscheinen lässt.

Am besten ist eine Möbelpolitur mit einem hohen Anteil an Bienenwachs, da sie dem Holz eine schöne Oberfläche gibt und auch gut riecht. Eine feste oder pastenförmige Politur ist besser als ein Spray. Man staubt das Möbelstück zunächst sorgfältig ab, anschließend trägt man die Politur sparsam mit einem sauberen, trockenen Lappen auf, indem man sie in kleinen, kreisenden Bewegungen auf das Holz reibt. Nach fünf Minuten kann mit einem sauberen, trockenen Staubtuch poliert werden.

Benutzen Sie für poliertes Holz ausschließlich saubere, weiche Staubtücher ohne lose Fäden oder raue Kanten, die sich verhaken und Schäden verursachen könnten.

Rezept für eine Reinigungslösung mit Tiefenwirkung

Möbelstücken (außer Schleiflackmöbeln) mit einer dicken Politur- oder starken Schmutzschicht verleiht die folgende Mixtur neuen Glanz: Ein Teil Leinöl, Terpentin, Essig und 1/4 Teil denaturierten Spiritus verrühren. Vor Gebrauch gut schütteln und mit einem sauberen, weichen Tuch auftragen. In einer Richtung arbeiten und das Tuch wechseln, wenn es schmutzig wird.

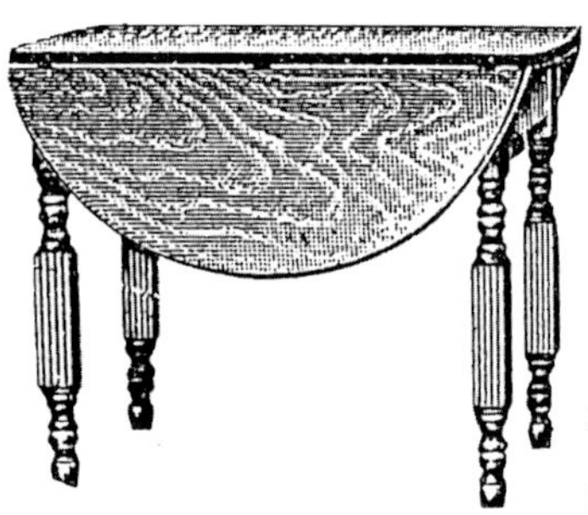

Kratzer behandeln

Bei Kratzern sollte man unverzüglich mit einer frisch durchgeschnittenen Paranuss über die Schadstelle reiben – das Fleisch füllt den Kratzer aus und die natürlichen Nussöle färben das rohe Holz dunkel.

Wenn Sie ein antikes Möbelstück polieren, sind Sie nur einer der vielen Hüter, die es während seiner Geschichte gepflegt haben.

Wasserflecken

Wurden polierte Holzoberflächen durch Hitze oder Wasser beschädigt, reibt man die Stelle mit einem weichen Tuch und Metallpolitur ab. Ist jedoch das Holz durch den Fleck angegriffen, funktioniert dies nicht.

Vor dem Ausbleichen schützen

Edle Möbelstücke bleichen durch direkte Sonneneinstrahlung aus. Bringt man an den Fenstern Rollos an, sind die Möbelstücke vor dem Sonnenlicht geschützt, ohne dass sie verrückt werden müssen.

Abgelaugte Kiefernmöbel

Kiefernmöbel, die von Fachbetrieben abgelaugt werden, kommen gewöhnlich als Ganzes in einen Tank mit Ätznatronlauge. Diese beseitigt den Anstrich sehr wirkungsvoll, entzieht dem Holz aber auch seine natürlichen Öle, kann die Holzverbindungen schwächen und Holzkleber anlösen. Ein Abbeizen von Hand ist erheblich schonender und bewahrt die natürliche Holzfarbe; die zusätzliche Investition lohnt sich also, damit ein schönes Möbelstück auch ein solches bleibt. Um abgelaugter Kiefer ihren Glanz zurückzugeben, entfernt man jegliche Politur mit der Reinigungslösung mit Tiefenwirkung (siehe Seite 20) und behandelt das Holz mit einer Mischung aus einem Teil Leinöl auf zwei Teile Waschbenzin, die mit einem weichen, sauberen Tuch aufgetragen wird. Dies macht man täglich, bis das Holz nichts mehr aufnimmt. Nach einigen Tagen folgt Bienenwachspolitur.

Holzwurmbefall

Leuchten Sie mit einer Taschenlampe auf die Oberfläche: Sauberes Holz im Inneren von Löchern deutet auf lebende Holzschädlinge hin. Bei polierten oder lackierten Oberflächen muss ein Anti-Holzwurmmittel in einer entsprechenden Plastikflasche im Abstand von 5 cm in die Löcher eingebracht werden; unbehandeltes Holz kann mit dem Fluid eingestrichen werden. Danach sollte das Möbelstück möglichst einige Tage in Kunststofffolie eingepackt werden.

Der Geruch von Möbelpolitur

Der Geruch von Möbelpolitur wirkt überaus beruhigend; er vermittelt den Eindruck eines geliebten Heims und geschätzter Möbelstücke. Statt das Holz mit allzu viel Politur zu bearbeiten (siehe Seite 20), sollte man eine Dose mit Möbelpolitur guter Qualität kaufen und nach dem Staubwischen ein wenig davon in die Luft sprühen.

Oben: Von Hand abgelaugtes Kiefernholz bewahrt seine warme, tiefgoldene Farbe, die häufig verloren geht, wenn Kiefer kommerziell in einem Tauchbad mit Ätznatronlauge behandelt wird.

Rechte Seite: Holzfußböden und -treppen braucht man zumeist nur abzufegen und von Zeit zu Zeit mit einer Politur zu behandeln.

Holzfußböden

Es gibt zwei Arten von Holzfußböden – massive und furnierte. Furnierte Böden sind eine vergleichsweise neue Erfindung und bestehen normalerweise aus einer dünnen Holzschicht, die auf eine Verbundplatte aufgeleimt ist. Im Gegensatz zu richtigen Holzfußböden können sie auf massiven Untergründen verlegt werden, was in der Vergangenheit unmöglich oder übermäßig teuer gewesen wäre. Ein furnierter Fußboden ist fabrikmäßig versiegelt und braucht zur Pflege lediglich mit einem weichen Besen abgekehrt (oder abgesaugt) und mit einem speziell für Holz bestimmten Reiniger feucht gewischt zu werden. Das ebenmäßige Aussehen von Furnierböden bedeutet, dass sie weniger schön altern und man besonders darauf achten muss, dass die Oberfläche nicht beschädigt wird, da ein Abschleifen nicht immer möglich ist.

Die Pflege von Massivholzböden ist von der Oberflächenbehandlung abhängig. Einige Böden sind einfach mit einer matten Versiegelung versehen, damit das natürliche Aussehen des Holzes bewahrt bleibt, sie brauchen lediglich abgekehrt oder abgesaugt und mit einem feuchten Tuch oder Mopp abgewischt zu werden. Böden, die gebeizt sind, damit das Holz dunkler, die Maserung aber noch sichtbar ist, oder die zum Aufhellen des Holzes gekalkt sind, haben üblicherweise eine polierte Oberfläche. Sie können abgefegt oder abgesaugt werden, und ein leichter Auftrag frischer Politur zweimal im Jahr sollte ausreichen. Zu viel Politur baut sich auf und schmiert, sodass jeder Fleck sichtbar wird.

Holzfußböden können auch mit Glanz-, Halbmatt-, Fußboden- oder Decklack gestrichen sein, wobei die opake Farbe das natürliche Aussehen des Holzes völlig überdeckt. Diese Art der Oberflächenbehandlung ist für stark belaufene Bereiche nicht empfehlenswert, da sie sich sehr rasch abnutzt. Man säubert sie durch Abfegen oder Absaugen und gelegentliches Wischen mit einem feuchten Tuch oder Mopp.

Fussboden-Staubtücher

Imprägnierte Fußboden-Staubtücher nehmen Staub auf und geben dem Boden einen leichten Glanz. Um selbst solche Tücher herzustellen, eine alte Wolldecke in Quadrate schneiden und diese in eine Mischung aus gleichen Teilen Paraffin und Malzessig tauchen. Zum Trocknen ins Freie hängen und in luftdicht verschlossenen Plastikbeuteln aufbewahren.

Metallwaren

Das Reinigen und Polieren von Metallen mit den falschen Mitteln ist schädlicher als eine Anlaufschicht. Raue Tücher und Schleifpulver können die Oberfläche zerkratzen und zerstören.

Silber

Zum regelmäßigen Reinigen von leicht angelaufenem Silber nimmt man eine Silberpolitur mit Anlaufschutz, die mit einem sehr weichen Tuch aufgetragen und dann behutsam abgerieben wird. Stark angelaufenes Silber reinigt man am besten mit Silberbad, doch anders als der Name vermuten lässt, sollte man die Silbergegenstände nicht in die Lösung tauchen. Besser ist es, sie mit einem Wattebausch jeweils auf einen kleinen Bereich aufzutragen und dann unter fließendem kaltem Wasser abzuspülen. Ist der Silbergegenstand sauber, trocknet man ihn mit einem sehr weichen Tuch ab oder bläst ihn sogar mit einem Fön trocken, da Feuchtigkeit das Anlaufen fördert.

Silber, das mit einem Schutzlack versehen ist, braucht nicht poliert zu werden. Der Lack vergilbt allerdings mit der Zeit und muss dann von einem Fachmann entfernt und erneuert werden.

Zum Verstauen sollte man Silbergegenstände in säurefreies Seidenpapier wickeln oder in einen weichen Stoffbeutel packen. Spezielle,

Unten links: Man kann sich viel Zeit und Mühe ersparen, wenn man reich verzierte Silbergegenstände von einem Fachmann mit einem Schutzlack überziehen lässt.

Unten rechts: Zinn sollte niemals poliert werden. Es würde nicht mehr schön aussehen und hätte auch nur noch einen Bruchteil seines ursprünglichen Wertes.

Rechte Seite: Damit Silbergegenstände, die nicht in Gebrauch sind, nicht ständig poliert werden müssen, stellt man sie am besten hinter Glas auf. Auf diese Weise laufen sie nicht so schnell an.

imprägnierte Beutel und Tücher, die das Anlaufen verhindern, werden im Handel angeboten. Fensterleder oder Filz kann ein Anlaufen verursachen, man sollte Silber auch niemals in Zeitungspapier einwickeln, da es das Metall schädigen kann.

Bronze

Bronze darf niemals gereinigt, sondern allenfalls leicht abgestaubt werden. Jede andere Form des Reinigens kann die Patina zerstören. Staub, der sich in Ritzen und Vertiefungen festgesetzt hat, lässt sich mit einem Zahnstocher, der mit sauberer, trockener Watte umwickelt ist, entfernen.

Zinn

Zinn sollte nicht poliert werden, da seine graue Patina ein wesentlicher Bestandteil seines Charmes ist. Man wischt den Staub mit einem weichen Tuch oder Fensterleder ab.

Messing und Kupfer

Für leicht angelaufenes Messing und Kupfer benutzt man ein Silberputztuch mit Anlaufschutz – für jedes Metall ein gesondertes Tuch. Stark angelaufenes Messing und Kupfer reinigt man mit einer pastenförmigen Politur. Sie wird mit Wattebäuschen aufgetragen und anschließend mit einem weichen, trockenen Tuch abgerieben. Mit einer weichen Zahnbürste oder einer kleinen Spezialbürste lässt sich die Politur aus Ritzen und Vertiefungen entfernen. Küchenutensilien aus Kupfer kann man Glanz verleihen, ohne schädlichen Einfluss auf Lebensmittel, wenn man sie mit einer Zitronenhälfte abreibt.

Profi-Geheimnisse

Überall auf der Welt wird in Museen, Galerien und historischen Gebäuden ein Spezialwachs zum Schutz von Metallgegenständen und anderen wertvollen Objekten verwendet. Dieses so genannte Renaissance Wax, das dünn aufgetragen wird, bildet einen Schutzfilm, der ein Anlaufen für recht lange Zeit verhindert (siehe Bezugsquellen Seite 122/123).

Bilder

Gemälde, Drucke und Fotografien verleihen Wohnräumen eine persönliche Note – identisch eingerichtete Zimmer können durch unterschiedliche Bilder recht verschieden aussehen. So entscheidet sich vielleicht der eine für ein großes, dramatisches Ölgemälde als Blickfang, während der andere durch eine Sammlung von Kunstdrucken oder Fotos eine völlig andere, persönlichere und gemütlichere Atmosphäre schafft.

Kein Bild sollte direktem Sonnenlicht ausgesetzt sein, selbst durch Speziallampen oder direktes Kunstlicht können Bilder verblassen. Feuchtigkeit kann irreparable Schäden verursachen, was ebenso der Fall ist, wenn Bilder unmittelbar über Heizkörpern hängen.

Aquarelle

Aquarelle sollten niemals in direktem Sonnenlicht hängen und auch nicht mit einer speziellen Bilderlampe oder anderem künstlichen Licht angestrahlt werden. Stockflecken oder Schimmel werden durch hohe Luftfeuchtigkeit verursacht. Dies lässt sich verhindern, wenn das Rahmenglas das eigentliche Bild nicht berührt und der Rahmen nicht flach an der Wand anliegt. Dünne Korkscheiben, an jede Ecke zwischen Wand und Rahmenrückseite geschoben, sorgen für gute Luftzirkulation hinter dem Bild. In Wohnungen und Häusern mit Zentralheizung sind Stockflecken selten ein Problem. Ein bereits beschädigtes Aquarell kann von einem Fachmann restauriert werden.

Ölgemälde

Der beste Tipp zur Pflege von Ölgemälden ist, sie völlig in Ruhe zu lassen. Selbst einfaches Abstauben kann sie schädigen, da sich die Fasern des Staubtuchs an der Farbe verfangen und sie abheben können. Das Säubern verschmutzter Ölgemälde sollte man einem Fachmann überlassen. Unmoderne oder unpassende Rahmen kann man komplett entfernen – ohne ihre Rahmen sehen Bilder oftmals besser aus, insbesondere in modern eingerichteten Räumen.

Oben: Ein Bild benötigt nicht immer ein Passepartout und einen Rahmen, um schön auszusehen. Mitunter genügt ein einfacher Wechselrahmen, oder man hängt das Bild ganz ohne Rahmen auf, wie dieses Ölgemälde.

Eine Gruppe von Bildern aufhängen

Das Aufhängen einer Gruppe von Bildern ist erheblich einfacher, wenn man zunächst eine entsprechende Fläche auf dem Fußboden markiert und dort mit der Anordnung der Bilder spielt. Auf diese Weise lassen sie sich hin und her schieben, und man kann die Abstände zwischen den Bildern verändern, ohne unzählige Löcher in der Wand zu hinterlassen. Stellen Sie sich auf eine Trittleiter, um das Arrangement aus der richtigen Perspektive betrachten zu können – ein Helfer ist dabei recht nützlich, damit man nicht ständig die Leiter hinauf- und heruntersteigen muss.

Linke Seite: Sticktücher sind besonders anfällig für Motten und andere Insekten und sollten daher stets hinter Glas aufgehängt werden. Da die Farben rasch verblassen, wenn die Tücher direktem Sonnenlicht ausgesetzt sind, hängt man sie abseits von starken natürlichen oder künstlichen Lichtquellen auf. Das Reinigen, Aufziehen und Rahmen sollte man einem Fachmann überlassen.

Rechts: In Gruppen angeordnete Bilder besitzen einen zwanglosen Charme. Die einzelnen Bilder brauchen weder einen besonderen künstlerischen Wert zu besitzen noch die gleiche Art von Rahmen oder ein ähnliches Thema zu haben, damit ein solches Arrangement wirkungsvoll zur Geltung kommt.

Drucke und Zeichnungen

Alte Drucke und Zeichnungen sollte man ähnlich wie Aquarelle behandeln und vor direktem natürlichem oder künstlichem Licht, Feuchtigkeit und der Wärme von Heizkörpern schützen. Sorgen Sie mit Korkscheiben oder einer entsprechenden Aufhängung für eine gute Luftzirkulation hinter dem Bild.

Fotografien

Fotografien verblassen mit der Zeit, wenn man sie an die Wand hängt oder ins Zimmer stellt. Eine Möglichkeit, um sicherzustellen, dass schöne Familienfotos auch für die Nachwelt erhalten bleiben, ist es, jeweils zwei Abzüge machen zu lassen und einen davon in einem Fotoalbum zu archivieren. Die meisten modernen Farbfotos sind nicht besonders beständig – sie sehen vielleicht zehn Jahre lang schön aus, doch vierzig Jahre später sind sie völlig verfärbt oder verblasst. Einige Fotopapiere sind beständiger und haltbarer als andere, sodass man dies angeben sollte, wenn man Filme entwickeln oder Vergrößerungen anfertigen lässt und möchte, dass die Fotos über die nächste Generation hinaus halten.

Bücher

In »Bücher-Haushalten« ist die Wahrscheinlichkeit groß, dass die Bücher nicht alle unter idealen Bedingungen aufbewahrt werden: Neben den überfüllten Regalen gibt es meist noch Berge von Büchern auf allen möglichen Abstellflächen. Bevor man sich jedoch daranmacht, neue Regale zu bauen oder zu kaufen, könnte ein Aussortieren angezeigt sein. Die meisten Menschen heben Bücher auf, in die sie niemals wieder hineinschauen werden, was durchaus in Ordnung ist, wenn es der Platz zulässt, aber wenig vernünftig, wenn dies nicht zutrifft. Bei genügend Platz lassen sich die Bücher auch angemessen pflegen.

Obwohl der Wert der meisten Bücher vermutlich im Inhalt und nicht im Buch selbst liegt, verdienen alle Bücher, gut behandelt zu werden. Moderne Zentralheizungen sorgen dafür, dass die alten Plagen, von denen Bücher früher heimgesucht wurden, heute kaum noch eine Rolle spielen. Stellt man einen Befall mit Silberfischchen fest, ist dies ein Anzeichen für Feuchtigkeit in dem betreffenden Bereich, deren Ursache man auf den Grund gehen sollte. Ernsthafte Schäden werden mitunter von Mäusen verursacht, die Bücher für ein erstklassiges Nestbaumaterial halten.

Sind die Bücher erst einmal sicher auf Regalbrettern verstaut, müssen sie von Zeit zu Zeit abgestaubt werden. Im Allgemeinen ist es besser, dazu bei kleiner Stufe den Staubsauger mit einem kleinen Bürstenvorsatz zu benutzen, anstatt mit einem Staubtuch den Staub nur gleichmäßig zu verteilen. Einmal im Jahr sollte man die Bücher aus den Regalen nehmen und die Regale gründlich säubern.

Bücher richtig behandeln

Es ist erstaunlich, wie viele Menschen ihre Bücher falsch behandeln und damit unnötig Schaden anrichten. Bücher sollten nicht am Buchrücken aus den Regalen gezogen werden, da dies zwangsläufig die Bindung schwächt. Im Idealfall legt man die Hand auf die Oberkante des Buches, greift mit den Fingern auf die Rückseite und zieht das Buch vorsichtig nach vorne. Dies funktioniert gut, solange die Bücher nicht dicht gedrängt nebeneinander stehen; in diesem Fall muss man zumeist auf die Oberkante greifen, das Buch zu sich nach vorne kippen und dann herausziehen. Beim Lesen sollte man die Seiten zum Umdrehen stets an der Außenkante anfassen und nicht in der Nähe der Bindung, wo das Papier leicht reißen kann. Darüber hinaus sollte man sich angewöhnen, ein Lesezeichen zu benutzen – es ist so viel besser, als die Ecke einer Seite umzuknicken.

Kamine und Öfen

Regelmäßig benutzte Schornsteine müssen jährlich gefegt werden, da durch angesammelten Ruß Schornsteinbrände entstehen können. Dies ist in Deutschland durch einschlägige kommunale Verordnungen geregelt. Ein Schornsteinbrand ist ein erschreckendes Erlebnis – es dröhnt wie ein vorbeirasender D-Zug, wenn die Luft durch den brennenden Ruß nach oben gerissen wird; ein solcher Brand kann eine Gefahr für das gesamte Gebäude sein. Der Schornsteinfeger sollte auch alle Schornsteine kontrollieren, die nicht benutzt wurden. Sie könnten mit Vogelnestern oder Schmutz verstopft sein, was man allerdings erst bemerkt, wenn man versucht, ein Feuer anzuzünden.

Fängt ein Schornstein trotz allem Feuer, ruft man zunächst stets die Feuerwehr. Ist die Feuerwehr nicht gleich zur Stelle, kann man das tun, was vermutlich auch die Feuerwehrmänner als Erstes tun werden und tassenweise Wasser auf das Feuer gießen. Dadurch entsteht Wasserdampf, der dazu beiträgt, das Feuer zu ersticken. Man sollte jedoch keine größeren Mengen Wasser in das Feuer gießen, da es sonst erlischt und kein weiterer Dampf entsteht. Wenn möglich, entfernt man alle Teppiche und Möbelstücke im Bereich des Kamins und stellt einen Funkenschutz davor, damit kein brennender Ruß ins Zimmer fällt. Bevor man das Zimmer verlässt, schließt man alle Fenster und beim Hinausgehen die Tür, damit möglichst wenig Zugluft entsteht.

Oben: Ein Miniatureimer ist ein hübscher und passender Behälter für Streichhölzer. Lange Streichhölzer verhindern, dass man sich beim Anzünden des Feuers die Finger verbrennt.

Linke Seite: Schornsteine von Öfen und Kaminen müssen regelmäßig vom Schornsteinfeger gereinigt werden, damit Ruß, Teer und Verunreinigungen entfernt werden, die einen Schornsteinbrand verursachen könnten.

Der Feuerrost und die Kaminplatte

Der Feuerrost ist der Metallkorb oder sonstige Behälter, der die Feuerstelle begrenzt; die Kaminplatte ist der Boden der Feuerstelle. Der Feuerrost schafft einen Zwischenraum zwischen Boden und Feuer, sodass ein Luftzug entsteht und das Feuer beständig brennt. Da jeder Schornstein seine eigenen Merkmale hat, gibt es keine festen Regeln für die beste Eignung eines Feuerrosts. Manche Schornsteine ziehen gut, andere nicht, sodass der Rauch in den Raum qualmen kann. Mitunter lässt sich dies durch einen Feuerrost mit einem größeren Ab-

stand zur Kaminplatte beheben, was die Luftzirkulation verbessert, sodass das Qualmen aufhört. Lässt sich das Problem hierdurch nicht beseitigen, muss man am oberen Rand der Öffnung ein Leitblech anbringen oder – wenn auch dies nicht die gewünschte Wirkung zeigt – ein Absauggebläse im Schornstein installieren.

Beim Kauf eines Feuerrosts muss man auch das vorgesehene Brennmaterial berücksichtigen. Für Holzscheite kann er einen größeren Stababstand haben; will man jedoch Kohle verbrennen, benötigt man einen Rost, auf dem die Kohle sicher liegt und nicht gleich nach unten durchfällt, wenn sie brennt. Feuerroste müssen kaum gepflegt werden und halten praktisch ewig.

Sandstein oder Schiefer von wenigstens 2,5 cm Stärke oder feuerfeste Ziegelsteine ergeben die besten Kaminplatten. Fliesen oder andere hitzeempfindliche Baustoffe dürfen für den Feuerraum nicht verwendet werden.

Beim Entfernen der Asche ist stets Vorsicht geboten – selbst wenn die Reste eines Feuers völlig kalt aussehen, kann sich unter der Asche noch Glut befinden. Man benötigt einen feuerfesten Behälter wie einen Metalleimer, eine kleine Schaufel sowie ein Kehrblech mit einem Handfeger. Mit der Schaufel füllt man die Asche in den Eimer, anschließend kehrt man den Feuerrost und die Kaminplatte ab. Sobald sich der Staub gesetzt hat, kann man den vorderen Bereich der Kaminplatte mit einem feuchten Tuch wischen.

Die Pflege der Kamineinfassung

Gestrichene Holz- oder Flieseneinfassungen brauchen lediglich regelmäßig mit einem feuchten Lappen und ab und an mit Seifenwasser abgewischt zu werden. Heutzutage ist es nicht mehr erforderlich, gusseiserne Kamineinfassungen mit Schwärzpolitur zu bearbeiten. Stattdessen reinigt man sie gründlich von Schmutz und Schmiere und sprüht sie anschließend mit einer matten schwarzen Farbe ein, die speziell für Kamine und Holzöfen gedacht ist. Schiefer wird mit einem feuchten Tuch gereinigt und mit einem in Leinöl getränkten Tuch abgerieben, damit er einen leichten Glanz erhält.

Kratzer lassen sich beseitigen, indem man die Schadstelle behutsam mit sehr feinem nassem Sandpapier bearbeitet und anschließend trockenreibt. Marmor ist recht empfindlich und lässt sich am besten durch ein mikrokristallines Wachs schützen (Bezugsquellen siehe Seiten 122/123), das die Oberfläche vor Rauch und Flecken schützt. Rauchschäden auf Marmor reibt man ganz vorsichtig mit Bimssteinpulver und Wasser ab. Lassen sich die Flecken nicht vollständig entfernen, reibt man die Fläche mit einer Zitronenhälfte ab, muss sie aber anschließend sofort sauber wischen, damit sich die Zitronensäure nicht in den Marmor frisst. In Zweifelsfällen oder bei wertvollen antiken Kaminen sollte man die Dienste eines professionellen Restaurators in Anspruch nehmen.

Holzöfen

Holzöfen sind eine weitaus effektivere Wahl, um einen Raum zu beheizen, als ein konventioneller offener Kamin. Bei einem Ofen werden 30–70 % der produzierten Wärme in den Raum abgegeben, bei einem offenen Feuer nur 10–20 % – der Rest zieht einfach durch den Schornstein ab. Da die Aufstellung eines Holzofens und sein Anschluss bestimmten Sicherheitsvorschriften unterliegen, ist es unumgänglich, professionelle Hilfe in Anspruch zu nehmen.
Je nach Art des installierten Ofens kann man ihn mit Holz oder mit Holz und Kohle befeuern. Holzasche sollte man regelmäßig entfernen, ein 2–3 cm hohes Aschebett kann verbleiben; Kohlenasche muss dagegen täglich beseitigt werden. Um beim Verbrennen von Holz gefährliche Harzanlagerungen im Schornstein zu verhindern, muss der Ofen mindestens einmal am Tag kräftig brennen und man darf das Feuer nicht ständig drosseln.

Ein Feuer entfachen

Damit ein Feuer zügig brennt, muss man die richtigen Materialien haben – ganz gleich, ob Holz oder Kohle als Brennstoff dient. Als Erstes braucht man einen leicht brennbaren Zunder – Kaminanzünder, Zeitungspapier und sehr trockene Zweige sind alle gleichermaßen gut geeignet. Man legt sie in die Mitte des sauberen Feuerrosts und schichtet rundum kurze Stücke trockenes Holz, so genanntes Anmachholz, auf. Nun setzt man den Zunder in Brand und fügt, sobald das Anmachholz Feuer gefangen hat, nach und nach den eigentlichen Brennstoff (Holzscheite oder Kohlen) hinzu. Gut abgelagertes Hartholz ist am besten, da es langsam abbrennt und reichlich Wärme erzeugt, während Weichholz rasch abbrennt, weniger Wärme produziert und sein Harz sich im Schornstein anlagert, wodurch Kreosot entsteht, das sich entzünden kann, wenn der Schornstein nicht regelmäßig gereinigt wird. Holz von Obstbäumen brennt nicht nur gut, sondern riecht auch angenehm.

Manche Kamine brennen besonders gut, wenn die Asche nach jedem Feuer entfernt wird, andere funktionieren am besten, wenn unter dem Feuerrost eine Schicht Asche liegen bleibt. Aus der Erfahrung lernt man mit der Zeit, wie der eigene Kamin am besten funktioniert. Holzasche kann auf dem Komposthaufen im Garten verteilt werden, Kohlenasche dagegen nicht.

Ein Holzofen nutzt seinen Schornstein besonders wirtschaftlich, er beheizt einen Raum viel effektiver als ein offener Kamin.

Potpourris

Potpourris, Duftkugeln und Duftsäckchen sind wohlriechende Accessoires für das Haus. Sie haben ihren Ursprung bereits im Mittelalter, als sie im Haus und für dessen Bewohner als Hauptwaffe gegen schreckliche Gerüche, Ungeziefer und Alltagskrankheiten eingesetzt wurden. Ihre Herstellung zählte zu den wichtigen Aufgaben der mittelalterlichen Hausfrau. Aus selbst gezogenen Kräutern und duftenden Blütenblättern, gemischt mit teuer importierten Gewürzen und Fixiermitteln wie Ambra und Iriswurzel, stellte sie nach von Generation zu Generation weitergegebenen Rezepten die Ingredienzen zusammen. Die Wörter »pot« und »pourri« bedeuten wörtlich übersetzt so viel wie »verfaulter Topf«, was sich auf den Umstand bezieht, dass die frühen Potpourris nicht aus getrockneten, sondern aus frischen Zutaten hergestellt wurden, die man lagenweise mit Salz bestreute, abdeckte und zum Fermentieren stehen ließ. Solche Potpourris sehen nicht ansprechend aus, sie wurden traditionell in einen mit durchbrochenem Deckel geschlossenen Topf gefüllt.

Heutige Potpourris unterscheiden sich kaum von denen des Mittelalters, doch lassen sie sich weitaus einfacher zusammenstellen. Konzentrierte ätherische Öle verleihen der Mischung einen lang anhaltenden Duft; getrocknete Kräuter und Blütenblätter gibt es problemlos zu kaufen, und Gewürze sind längst kein Luxus mehr.

Ein Potpourri setzt sich aus vier Komponenten zusammen – ätherischen Ölen, Gewürzen, Fixiermitteln und einer Mischung aus Kräutern, Blüten, Blütenblättern und Blättern, die dem Ganzen Volumen gibt. Der Preis von ätherischen Ölen variiert je nach den Kosten ihrer Herstellung, wobei Rosen- und Jasminöl zu den teuersten zählen. Vorsicht ist stets bei Billigprodukten geboten – es handelt sich entweder um synthetische oder um verdünnte Öle. Da reine ätherische Öle

stark konzentriert sind, können sie Hautreizungen hervorrufen – Markenhersteller informieren auf Beipackzetteln, welche Öle sicher im Gebrauch sind. Ein Fixiermittel ist eine Substanz, die den Duft im Potpourri hält und ein rasches Verfliegen verhindert. Iriswurzel, Benzoeharz, Tonkabohnen und Eichenmoos sind am gebräuchlichsten und in Kräuterläden und Spezialgeschäften zu haben.

Ein selbst gefertigtes Potpourri hat niemals den intensiven und mitunter aufdringlichen Geruch industriell erzeugter Versionen. Diese werden mit künstlichen Duftstoffen und synthetischen Fixiermitteln hergestellt, denen es an der Finesse natürlicher Aromastoffe mangelt. Zwar hält der Duft eines selbst gemachten Potpourris nicht so lange, doch lässt er sich durch einige Tropfen ätherischen Öls wieder auffrischen.

Sommergarten-Potpourri

1 EL gemahlener Piment
1 EL grob gemahlener Zimt
1 EL gemahlene Nelken
1 EL Iriswurzelpulver (Apotheke)
6 Tassen getrocknete Rosenblütenblätter
5 Tropfen Rosengeraniumöl
5 Tropfen Bergamottöl
4 Tassen Lavendelblüten
2 Tassen Blätter von Zitronenmelisse
2 Tassen Blätter von Duftpelargonien

In einer kleinen Schüssel die Gewürze und das Iriswurzelpulver vermischen. Die ätherischen Öle hinzufügen und alles gründlich durchrühren. Die getrockneten Pflanzenteile in einer großen Schüssel vermischen und die Gewürzmischung dazugeben. Gründlich durchheben, bis die Gewürze gleichmäßig verteilt sind. Das Potpourri in ein großes Glas oder eine Schüssel mit Deckel füllen und zum Fermentieren sechs Wochen an einen dunklen Platz stellen. Die Mischung täglich durchheben oder durchschütteln.

Duftkugeln

Auch Duftkugeln haben ihren Ursprung im Mittelalter. Wie noch an ihrem ursprünglichen Namen »pomme d'ambre« abzulesen ist, handelte es sich um kleine, apfelförmige Ambrastücke, die man zur Abwehr von Krankheiten und üblen Gerüchen bei sich trug. Schon bald kamen zur Aufbewahrung der Ambrastücke durchbrochene Behälter aus Silber, Gold, Porzellan und Holz auf, die »pomander«. Heutige Duftkugeln sind eine weitaus simplere Angelegenheit und bestehen aus einer mit Nelken gespickten Orange, die zum Fermentieren vier Wochen in eine Gewürzmischung gelegt wird. An einem Band kann man sie in den Kleider- oder Küchenschrank hängen, damit sie dort ihren Duft verströmt und Motten abwehrt. Eine richtig hergestellte Duftkugel riecht noch nach Jahren, auch wenn sie dann bereits kräftig geschrumpft ist.

Ein Rezept für Duftkugeln

Ergibt 6 Stück

100 g gemahlener Zimt

50 g gemahlene Nelken

15 g gemahlener Piment

15 g frisch geriebenene Muskatnuss

15 g frisch gemahlene Korianderkörner

25 g Iriswurzelpulver (Apotheke)

6 Orangen ohne Druckstellen (vorzugsweise Pomeranzen)

100 g ganze Nelken

In einer großen Schüssel, in die später alle Orangen hineinpassen, die Gewürze und das Iriswurzelpulver vermischen. Jede Orange mit Nelken spicken; dabei etwas Abstand zwischen den Nelken lassen, da die Orangen schrumpfen. Zum Schutz der Finger einen Fingerhut aufstecken oder die Löcher mit einem Zahnstocher vorstechen. Die fertigen Orangen in der Gewürzmischung wenden und dann in die Gewürze einbetten. Die Schüssel mit einem Deckel verschließen und vier Wochen an einen warmen, trockenen Platz stellen. Die Orangen täglich wenden. Sollte die Gewürzmischung feucht werden, den Deckel durch ein Tuch ersetzen. Nach vier Wochen sind die Duftkugeln härter, kleiner und können aufgehängt werden.

Einen Raum rasch beduften

Eine kleine Sprühflasche zur Hälfte mit Wasser füllen, 20 Tropfen ätherisches Öl eigener Wahl hinzufügen und gut schütteln. Ein wenig in die Luft sprühen – der Duft hält sich recht lange. Alternativ eine Kerze anzünden, warten, bis das Wachs rund um den Docht geschmolzen ist, und die Kerze ausblasen. Ein oder zwei Tropfen ätherisches Öl in das geschmolzene Wachs träufeln und die Kerze wieder anzünden, sodass der Raum leicht von dem Duft durchzogen wird. Wer Holzfußböden hat, kann einige Lavendelköpfe mit dem Fuß zertreten.

Schnittblumen

Blumen aus dem eigenen Garten sollten nicht während der Hitze des Tages geschnitten werden – die beste Zeit ist morgens, nachdem der Tau weggetrocknet ist und die Sonne noch nicht allzu kräftig scheint. Bevor man Schnittblumen in die Vase stellt, sollte man die Stielenden frisch anschneiden und die Blumen einige Stunden (am besten über Nacht) an einem kühlen Platz tief in lauwarmes Wasser stellen. So halten sie sich erheblich länger.

Bei allen Blumen, deren Stiele rasch schlaff werden, empfiehlt es sich, die unteren 5 cm kurz in einen Topf mit kochendem Wasser zu tauchen, damit die Enden versiegelt werden. Islandmohn, Ranunkeln und Nieswurz bedürfen alle dieser Behandlung, und viele andere Blumen, wie etwa Rosen, Flieder und Falscher Jasmin, halten erheblich länger, wenn sie zunächst versiegelt werden. Pfingstrosen und Hortensien können als Schnittblumen schwierig sein, halten sich aber besser, wenn man sie zunächst einige Stunden in einer Wanne mit lauwarmem Wasser schwimmen lässt.

Damit sich die Stiele von Tulpen und Gerbera in der Vase nicht nach unten neigen, bündelt man die Blumen und bindet die Stiele von unten bis knapp unter die Blüten mit einer Schnur zusammen. Stellt man sie so einige Stunden tief in Wasser und anschließend erst in die Vase, bleiben die Stiele gerade.

BLUMENDÜNGER

Dünger im Wasser von Schnittblumen verlängert ihre Haltbarkeit. Er liefert ihnen Nährstoffe und hemmt Bakterien, die das Wasser schleimig und brackig machen. Seinen eigenen »Blumendünger« herstellen: Je Liter Wasser einen Teelöffel Zucker, Essig und nicht konzentrierte Bleiche zugeben.

Links: So verlockend es auch sein mag, frisch geschnittene Blumen sofort auf den Tisch zu stellen, sie halten länger und sehen besser aus, wenn man sie zuvor an einem kühlen Platz einige Stunden in lauwarmem Wasser stehen lässt.

Rechte Seite, links: Mitunter sind zwei kleine Arrangements aus kontrastierenden Blumen in verschiedenen Gefäßen wirkungsvoller als ein einzelner großer Strauß, bei dem die Blumen dicht zusammengedrängt sind.

Rechte Seite, rechts: Einige Freilandpflanzen wie Stiefmütterchen oder Hornveilchen können kurze Zeit als Zimmerpflanzen an einem hellen, aber kühlen Platz im Haus stehen.

Zimmerpflanzen

Es liegen Welten zwischen einer gesunden Zimmerpflanze und all den traurigen Exemplaren, die einen schleichenden Tod auf den Fensterbänken und Kaminsimsen zahlloser Häuser sterben. Die Hälfte der Todesfälle ist auf allzu große Fürsorge wie zu häufiges Gießen und zu häufiges Düngen zurückzuführen, während die andere Hälfte an Unterernährung zugrunde geht – nur ab und an ein bisschen Wasser und kein Dünger.

Es ist nicht schwer, Zimmerpflanzen erfolgreich zu ziehen, solange man Pflanzen auswählt, die für die eigene häusliche Umgebung geeignet sind. Direkte Sonneneinstrahlung und trockene Luft mögen das Paradies für Pelargonien sein, fur Farne dagegen bedeuten sie die Hölle, und keine Pflanze kann lange in einem fensterlosen Badezimmer überleben. Bevor Sie eine Zimmerpflanze kaufen, schauen Sie auf das Etikett, und richten Sie sich nach den Symbolen, um die richtige Pflanze für Ihre Bedingungen zu finden.

Es wird nicht immer bedacht, dass kommerzielle Blumenerde eine begrenzte Menge an Dünger enthält – gewöhnlich für etwa sechs Wochen. Nach Ablauf dieser Zeit müssen die Pflanzen daher während der Wachstumsphase regelmäßig gedüngt werden. Ein organischer Flüssigdünger ist Kunstdüngern vorzuziehen, da sich sonst Salze in der Blumenerde anreichern, was für die Pflanzen schädlich ist.

Mit Ausnahme von Kakteen profitieren die meisten Pflanzen von einer feuchten Atmosphäre. Dies kann man fördern, indem man die Pflanzen gruppenweise anordnet oder die Töpfe in kiesgefüllte Untersetzer stellt, die Feuchtigkeit speichern und die Wurzeln feucht halten.

Die meisten Zimmerpflanzen sind dankbar, wenn sie im Sommer für kurze Zeit ins Freie kommen. Damit sie nicht von der Sonne verbrannt werden, sollten sie im Halbschatten stehen. Ihre Blätter werden vom Sommerregen sauber gewaschen, und sie bekommen viele neue Triebe.

SCHLAF-
ZIMMER
UND
BADEZIMMER

Das Bett

In Anbetracht der Tatsache, dass wir ungefähr ein Drittel unseres Lebens im Bett verbringen, ist es erstaunlich, wie viele Menschen in unbequemen oder ungeeigneten Betten schlafen. Einst ging man von der Maxime aus, je härter das Bett, desto besser für den Rücken, und propagierte »orthopädische« Betten als Lösung aller Rückenprobleme. Dies hat sich als falsch erwiesen, und jeder renommierte Bettenlieferant wird einem heute sagen, dass das beste Bett immer das ist, in dem man bequem liegt und das den Rücken besonders gut stützt – weder zu hart noch zu weich. Dies berücksichtigt die Matratzenindustrie in zunehmendem Maße mit Produkten für körperkonformes Liegen. Matratzen mit einer Spezialfederung für das Einsinken der Schulter sorgen in der Seitlage für eine gerade Wirbelsäule.

Verfügt ein Bett über einen Lattenrost, ist es wichtig, diesen zusammen mit der Matratze zu erneuern, da sich Komfort und Lebensdauer einer neuen Matratze verringern, wenn sie auf einem alten Lattenrost liegt. Eine gebrauchte Matratze sollte man sowieso niemals kaufen, denn wie gut ihr Zustand auch noch sein mag, sie hat Nacht für Nacht den Schweiß ihres Vorbesitzers aufgenommen.

Eine Matratze auswählen

Die einzige Möglichkeit, die richtige Matratze zu finden, ist es, sie auszuprobieren – in guten Matratzengeschäften wird man dazu aufgefordert, Mantel oder Jacke auszuziehen und sich hinzulegen. Bleiben Sie einige Minuten oder länger auf der Matratze liegen; schließlich werden Sie viel Zeit in dem Bett Ihrer Wahl verbringen. Legen Sie sich auf den Rücken, und schieben Sie Ihre Hand unter das Kreuz – liegt der Hohlraum völlig frei, ist die Matratze vermutlich zu hart; ist kein Platz für Ihre Hand, ist die Matratze eher zu weich. Wenn Sie Ihr Bett mit einem Partner teilen, stellt sich vielleicht heraus, dass für Sie beide nicht die gleiche Matratze geeignet ist. In diesem Fall sollten Sie ein Bett mit separaten Lattenrosten und Matratzen in Erwägung ziehen, die miteinander verbunden werden. Kaufen Sie das Beste, was Sie sich leisten können der Lohn ist Nacht für Nacht ein erholsamer Schlaf.

Bettenpflege

Man kann dazu beitragen, dass das Bett möglichst lange in gutem Zustand bleibt, wenn man es richtig pflegt. Dazu gehört, die Matratze einmal im Monat zu wenden, damit keine Mulden durch die eigene bevorzugte Schlafposition entstehen, und alle drei Monate das obere Ende nach unten zu drehen. Mit dem weichen Bürstenvorsatz des Staubsaugers sollte man regelmäßig Staubmilben und Hautschuppen, von denen jeder Mensch etwa 500 g pro Jahr absondert, absaugen. Eine gesteppte Matratzenauflage ist empfehlenswert.

BONNE FETE

Auswahl und Pflege von Bettzeug

Bettdecken und Kopfkissen gibt es in einer großen Palette verschiedener Füllungen. Die hochwertigsten Qualitäten sind reine Gänsedaunen, die zwar sehr teuer, aber außerordentlich wohlig sind – ein Kopfkissen mit Gänsedaunen besitzt ein perfektes Gleichgewicht zwischen Weichheit und Stützfähigkeit, und eine Daunensteppdecke ist sehr leicht, aber herrlich warm. Andere natürliche Füllungen bestehen aus einer Mischung von Federn und Daunen oder nur Federn, während synthetische Füllungen für all jene besonders gut geeignet sind, die unter Heuschnupfen und ähnlichen Allergien leiden. Bei synthetischen Materialien wird es unter der Zudecke zumeist sehr heiß, da sie nicht

BETTDECKEN

Die besten Bettdecken bestehen aus den teuersten Materialien – die kostspieligsten Bettdecken sind sehr leicht, sehr weich und sehr warm. Generell gilt, je gröber die Wolle und je schwerer die Bettdecke, desto weniger warm ist sie.

Linke Seite: Wer nicht gern unter einem Federbett schläft, liegt unter einem altmodischen Quilt oder einer Eiderdaunen-Steppdecke im Winter schön warm.

Unten: Ein modernes Himmelbett mit karierten Bettvorhängen ist einladend, behaglich und romantisch. Ein passender Bettüberwurf hält tagsüber das Bettzeug staubfrei und sieht darüber hinaus gut aus.

in gleicher Weise atmen wie natürliche Füllungen. Ist dies ein Problem, kann man versuchen, ein Bettlaken unter die Zudecke zu legen.

Sämtliches Bettzeug sollte täglich gelüftet werden. So verlockend es auch sein mag, sofort nach dem Aufstehen die Kopfkissen aufzuschütteln und die Bettdecken glatt zu ziehen, so wenig gut ist dies für die Matratze, das Bettzeug und einen selbst. In Anbetracht des reichlichen Schweißes, den jeder Mensch Nacht für Nacht absondert, müssen die Matratze und das Bettzeug abtrocknen, bevor das Bett gemacht wird. Zusätzlich zum täglichen Lüften sollte das Bettzeug von Zeit zu Zeit im Freien auslüften. Dazu entfernt man die Bezüge, schüttelt jedes Teil gründlich auf und lässt das Bettzeug einige Stunden draußen liegen, jedoch nicht in der prallen Sonne. Wer keinen Garten hat, kann das Bettzeug auch auf dem Balkon oder im Fenster lüften. Bettzeug, das regelmäßig benutzt wird, sollte einmal im Jahr von einem Fachbetrieb gereinigt werden – Decken können chemisch gereinigt werden, und es gibt Spezialbetriebe, die Daunen- oder Federbetten reinigen und Inletts oder Füllungen erneuern, wenn dies nötig ist. Bettzeug mit synthetischen Füllungen ist generell waschbar.

Gerät aus Versehen Flüssigkeit auf Bettzeug mit natürlichen Füllungen, schüttelt man die Füllung von der nassen Stelle weg und nimmt die Feuchtigkeit mit einem Schwamm auf. Stark verschmutzte Kopfkissen können einzeln in der Maschine gewaschen und geschleudert werden – ein scheinbar ruiniertes Kopfkissen lässt sich auf diese Weise retten, sofern das Inlett in Ordnung und von guter Qualität ist, andernfalls läuft man Gefahr, dass die Waschmaschine durch Federn oder Daunen verstopft.

Bekleidung

Wer seine Kleidung gut pflegt, kann ihre Lebensdauer erheblich verlängern. Dabei geht es nicht allein darum, dass sie sauber und gut gebügelt ist – es geht auch darum, sie richtig aufzubewahren, die richtigen Kleiderbugel zu verwenden und den Inhalt des Kleiderschranks regelmäßig auszusortieren, damit er nicht zu voll hängt und selbst die besten Kleidungsstücke zerknittert und traurig aussehen.

Wenn Sie nicht von Natur aus ein ordentlicher und disziplinierter Mensch sind, werden Sie Ihren Kleiderschrank vermutlich dringend durchsortieren müssen. Tun Sie dies nicht in einer sentimentalen Stimmung, denn Sie kommen nicht weiter, wenn jedes Relikt, das Sie hervorkramen, Tagträume über die einst glücklichen Zeiten bewirkt. Sie müssen diese Kleidungsstücke nicht unbedingt wegwerfen oder in die Altkleidersammlung geben, aber wenn sie nicht mehr passen, völlig außer Mode oder aus anderen Gründen nicht mehr tragbar sind, sollten Sie sie zumindest wegpacken, damit wieder Platz im Kleiderschrank ist. Nach dem Durchsortieren lässt sich noch mehr Platz im Schrank schaffen, wenn man jahreszeitlich unpassende Kleidungsstücke herausnimmt. Sie können bis zur entsprechenden Jahreszeit in einem separaten Kleiderschrank verstaut oder zusammengelegt und weggeräumt werden. Ein weiterer Vorteil dieser Vorgehensweise ist, dass Ihnen diese Kleidungsstücke vermutlich wie eine völlig neue Garderobe erscheinen werden, wenn Sie sie wieder hervorholen, weil Sie vergessen hatten, was Sie alles besitzen.

Als Nächstes sollten Sie alle Drahtkleiderbügel wegwerfen und durch geeignetere Kleiderbügel ersetzen. Jacketts/Blazer sollten beispielsweise auf richtig geformten und gepolsterten Kleiderbügeln hängen, damit die Schultern nicht ihre Form verlieren. Zum Schluss können Sie die Kleidungsstücke nach Hemden, Blusen, Kleidern usw. sortieren, damit Sie auf einen Blick sehen, was und wie viel Sie davon besitzen; das erleichtert den nächsten Einkauf wesentlich.

Kleidermotten

Motten befallen gern Kleidungsstücke, die schmutzig weggeräumt wurden; deshalb sollte man Kleidung, die für längere Zeit verstaut wird, vorher waschen oder chemisch reinigen lassen. Als es noch keine chemischen Reinigungen gab und Kleidungsstücke generell seltener gewaschen wurden als heute, waren Kleidermotten ein weitaus größeres Problem. Schaden richten nicht die Motten selbst, sondern die Raupen an. Halten Sie Ausschau nach kleinen, 5–8 mm langen Raupen oder deren Hüllen, winzigen weißen Eiern oder grauen Motten, die von den Kleidungsstücken auffliegen. Befallene Kleidungsstücke wäscht man oder lässt sie reinigen, damit auch die Motten und Eier, die man übersehen hat, entfernt werden; die betreffenden Schubladen oder Schränke werden ausgewischt. Es lohnt sich, einige Zedernholzkugeln und -kleiderbügel zu kaufen, da sie eine sanfte, aber wirkungsvolle Abwehr gegen Motten und Insekten sind. Eine andere Möglichkeit sind kleine Stoffsäckchen, gefüllt mit einer speziellen Duftmischung.

MOTTENSCHUTZ-DUFTSÄCKCHEN

Je 25 g Kümmel, Nelken, Muskatblüte,
Muskatnuss und Zimt
25 g Tonkabohnen
150 g Iriswurzelpulver (Apotheke)

Die Gewürze und die Tonkabohnen mahlen (eine elektrische Kaffeemühle ist ideal) und mit dem Iriswurzelpulver vermischen. In kleine Stoffsäckchen füllen und diese zur Mottenabwehr zwischen die Kleidungsstücke in den Schrank legen. Zum Nähen der Säckchen doppelt gelegten, dicht gewebten Stoff nehmen, damit das Pulver nicht herausrieseln kann.

Ganz links: Werfen Sie alle Drahtkleiderbügel fort, und kaufen Sie gepolsterte Bügel oder Holzbügel guter Qualität, damit Jacketts/Blazer und Mäntel ihre Form behalten.

Links: Tabak- und Essensgerüche verschwinden, wenn man Kleidungsstücke für ein paar Stunden ins Freie hängt.

Schuhe

Ein altes Sprichwort besagt, dass man einen Menschen an seinen Schuhen erkennt – was bedeuten würde, dass viele von uns bettelarm sein müssen. Selbst die teuersten Schuhe verlieren schon bald ihren Reiz, wenn sie ungeputzt sind, Falten zeigen und abgelaufene Absätze haben. Gut gepflegte Qualitätsschuhe können praktisch ein Leben lang halten. Eine sinnvolle Idee für Lieblingsschuhe, die Sie öfter als alle anderen Schuhe tragen: Kaufen Sie sich zwei identische Paare, und tragen Sie sie abwechselnd. Auf diese Weise halten beide Paare erheblich länger, sehen gut aus, und Sie geraten nicht in Versuchung, Reparaturen aufzuschieben, wie dies bei nur einem Paar der Fall wäre.

Wie Betten müssen auch Schuhe nach dem Tragen auslüften – lassen Sie sie über Nacht stehen, bevor sie geputzt werden. Anschließend können Sie Spanner hineinstecken und die Schuhe wegräumen.

Wer über genügend Platz verfügt, verstaut seine Schuhe am besten in ihren Originalkartons, die an einer Seite mit einer kurzen Beschreibung des Inhalts versehen sind, zum Beispiel flache schwarze Pumps, braune Wildlederslipper usw. Schuhe, die auf diese Art weggeräumt werden, bleiben staubfrei und sind geschützt. Eine der schlechtesten Methoden zur Aufbewahrung von Schuhen ist es, sie wild durcheinander im Kleiderschrank oder unter dem Bett zu stapeln!

Qualitätsschuhe, die sorgfältig gepflegt werden, halten viele Jahre. Ungepflegte Schuhe sehen hässlich aus, ganz gleich, wie teuer sie auch waren.

Parfums und andere Düfte

Hübsche Glas- oder Kristallflaschen mit Parfum sehen auf einer Frisierkommode schön aus, doch ist dies nicht die richtige Art und Weise, es aufzubewahren, da Sonnenlicht und Wärme dem Parfum schaden. Damit sein Duft unverändert erhalten bleibt, sollte man es in seinem Umkarton aufbewahren, am besten in einer Schublade oder an einem kühlen Ort – im Sommer ist der Kühlschrank ideal.

Parfum enthält zwischen 15 und 30 % Duftöle, die in Alkohol gelöst sind. Eau de Parfum enthält bis zu 15 % Parfumöle, Eau de Toilette bis zu 8 % und Eau de Cologne 4 %. Hieraus erklärt sich, weshalb Parfum und Eau de Parfum so viel teurer sind als die beiden anderen Duftwässer und weshalb man sie nur sehr sparsam zu verwenden braucht. Man trägt sie auf die Pulspunkte am Hals auf; ein einmaliger Auftrag hält im Allgemeinen den ganzen Tag über. Bei Eau de Toilette oder Eau de Cologne aus einem Zerstäuber sollte man Estée Lauders persönlichen Rat befolgen: Sprühen Sie das Duftwasser über dem Kopf in die Luft und drehen Sie sich dann langsam um die eigene Achse – der Duft setzt sich überall am Körper fest.

Das duftende Boudoir

Das Schlafzimmer ist ein privates Refugium, ein Ort der Entspannung und Intimität, der als etwas Besonderes behandelt werden sollte und nicht bloß als ein Zimmer, in dem man schläft und seine Kleidungsstücke aufbewahrt. Es sollte warm, behaglich und einladend sein, und Düfte können wesentlich dazu beitragen, die richtige Atmosphäre zu schaffen.

Duftkerzen erfüllen die Luft mit Wohlgeruch und geben ein weiches, romantisches Licht. In Duftlampen werden ätherische Öle sanft in der Luft verteilt. Wichtig: Man darf allerdings keine allzu schweren Düfte wählen, da sie Schwindelgefühl und Kopfschmerzen hervorrufen können. Zitrusöle wie Grapefruit, Bergamotte und Limette sind ideal, ebenso Lavendel.

Die Nase vom Parfumduft befreien

Beim Testen neuer Parfums bekommt man den Parfumduft aus der Nase, wenn man am Ärmel eines Wollmantels oder eines Wollpullovers die Luft einzieht.

Bei allen Düften – sei es für den Körper oder für Räume – wirken einzelne schwächere Duftebenen besser als eine einzige kräftige Duftquelle. Wählen Sie einen Duft, der Ihnen besonders gut gefällt, und verwenden Sie ihn auf verschiedene Weise – etwa als Seife oder Badeöl, Körperlotion und einen Hauch von Parfum oder als duftende Schubladenauskleidung, in Stoffsäckchen zwischen Ihrer Wäsche, als Duftöl oder Duftkerzen. Sie werden feststellen, dass der Duft sanft den gesamten Raum durchdringt – die perfekte Atmosphäre für Romantik und Entspannung.

Die Gefahren von Parfum in der Sonne

Parfum sollte niemals aufgetragen werden, wenn man anschließend ein Sonnenbad nimmt. Es kann die Berloque-Dermatitis hervorrufen, eine Pigmentierung der Haut mit unschönen Verfärbungen, welche über Monate andauern können.

So schön alte Parfumflaschen auch sein mögen, ihr Inhalt duftet schon lange nicht mehr verlockend. Alle Parfums haben eine begrenzte Haltbarkeit, vor allem, wenn sie Licht und Sonne ausgesetzt sind.

Cremes, Lotionen, Kosmetika

Wie Parfums sollten auch alle Kosmetika an einem kühlen Platz und nicht im direkten Licht aufbewahrt werden, da sie sonst in ihre Bestandteile zerfallen können. Bei dem ständig wachsenden Angebot an neuen Produkten ist es unausweichlich, dass die meisten von uns große Mengen an Cremes, Lotionen und Kosmetika horten, die sie ausprobiert und dann nicht mehr verwendet haben: Gesichtscremes, die sich als zu schwer, zu leicht oder zu fettig erwiesen haben, getönte Cremes in der falschen Farbe, Lippenstift, der nicht den versprochenen Glanz brachte. Es hat keinen Sinn, all dies aufzuheben – wenn Sie die Produkte bislang nicht verwendet haben, werden Sie es auch in Zukunft nicht tun. Allzu fettige Gesichtscremes können jedoch eine erstklassige Creme für Ellenbogen und Fersen sein, und leichte Feuchtigkeitsfluids können als Körperlotion dienen.

Obwohl oft genug darauf hingewiesen wird, dass es keine wissenschaftliche Grundlage für die zuweilen atemberaubenden Versprechungen der meisten Kosmetikhersteller gibt, scheinen wir noch immer von den bezaubernden Bildern, den lebensverändernden Verheißungen und den Hochglanzverpackungen der großen Firmen verführt zu werden. In Wirklichkeit können wir unsere Haut aber ebenso gut mit preiswerten oder sogar selbst gemachten Produkten pflegen. Die folgenden Rezepte verwenden allesamt reine und einfache Ingredienzen, die zwar keine sofortigen Wunder bewirken, aber die Haut auf sanfte, angenehme und wirkungsvolle Weise reinigen und ihr Spannkraft sowie Feuchtigkeit verleihen.

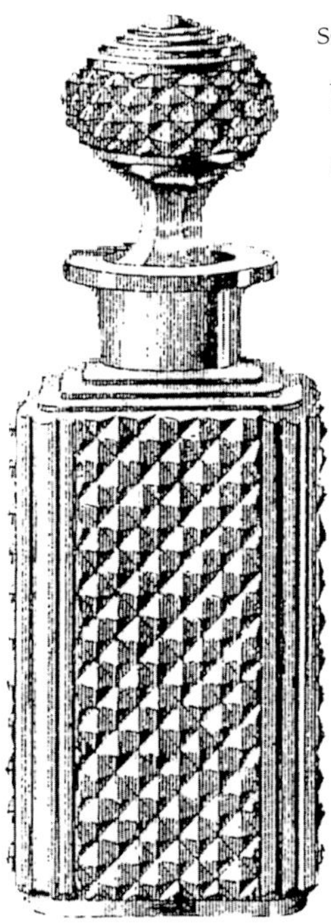

Rosenwasser-Mandel-Reinigungscreme

Ergibt etwa 250 ml

25 g weißes Bienenwachs

150 ml Mandelöl

4 EL Rosenwasser

1/4 TL Borax

2 Tropfen Rosenöl (nach Belieben)

Das Bienenwachs in eine hitzebeständige Schüssel füllen und über köchelndem Wasser schmelzen lassen. Das Mandelöl darunter schlagen. Rosenwasser und Borax in einem kleinen Topf vermischen und leicht erwärmen, bis sich der Borax aufgelöst hat. Unter ständigem kräftigem Rühren das Rosenwasser sehr langsam zu dem geschmolzenen Bienenwachs und dem Mandelöl gießen. Die Mischung emulgiert rasch und bekommt bei weiterem Rühren eine glatte, cremige Konsistenz. Nach Belieben das Rosenöl hinzufügen. Die Creme in eine trockene Glas- oder Porzellandose mit passendem Deckel füllen, abkühlen lassen, dann erst verschließen.

Von der Reinigungscreme eine kleine Menge auf die Handfläche geben und mit den Fingerspitzen in kreisenden Bewegungen auftragen. Mit angefeuchtetem Watte-Pad entfernen.

Anmerkung: Borax wirkt leicht antiseptisch und beruhigend, sollte aber nicht bei rissiger Haut verwendet werden.

Traditionelles Gesichtswasser

120 ml Hamamelistonikum

50 ml Rosenwasser

Die Zutaten in eine saubere, trockene Glasflasche füllen und kräftig schütteln.

Das Gesichtswasser auf ein angefeuchtetes Watte-Pad geben und die gereinigte Haut damit erfrischen. Es sollte nur bei fettiger Haut oder Mischhaut verwendet werden, andere Haut trocknet es zu stark aus.

Duftende Feuchtigkeitscreme

Diese Creme lässt sich auch ohne die ätherischen Öle herstellen, doch geben sie ihr einen schönen Duft, und sowohl Rosenöl als auch Weihrauchöl sind sehr gut für die Haut.

50 g weißes Bienenwachs
120 ml Mandelöl
50 ml Rosenwasser
½ TL Borax
120 ml warmes destilliertes Wasser
2 Tropfen Rosenöl (nach Belieben)
2 Tropfen Weihrauchöl (nach Belieben)

Das Bienenwachs vorsichtig im Wasserbad schmelzen. Von der Kochstelle nehmen und langsam das Mandelöl darunter schlagen. Das Rosenwasser in einem zweiten Topf erwärmen, den Borax unter Rühren darin auflösen, dann das destillierte Wasser hinzufügen. Das warme Rosenwasser unter ständigem kräftigem Rühren sehr langsam zur Ölmischung gießen. Die Mischung wird rasch dick und cremig. Während des Abkühlens weiterrühren, damit die Creme eine gleichmäßige Konsistenz erhält. Nach Belieben die ätherischen Öle dazugeben. Die Creme in ein sauberes, trockenes, weithalsiges Gefäß füllen. Abkühlen lassen und verschließen.

Die Creme behutsam auf die gereinigte und mit Gesichtswasser erfrischte Haut auftragen. Sie zieht rasch ein, und die Haut fühlt sich weich und glatt an. Da diese Creme Borax enthält, sollte sie nicht bei rissiger Haut verwendet werden.

Haarpflege

Haarpflegeprodukte sind ein großes Geschäft. Man braucht nur in den Supermarkt zu gehen und sich die verwirrende Vielfalt an Shampoos, Spülungen, kombinierten Shampoos und Spülungen, Spezialkuren, Gels, Wachsen und Haarsprays anzusehen; hier geht es um erheblich mehr als um sauberes Haar. Es werden Träume verkauft – perfektes Haar, dick, glänzend und makellos gestylt. Zweifelsohne haben einige Produkte einen sichtbaren Effekt auf das Haar; Silikon in Spülungen sorgt tatsächlich für zusätzlichen Glanz, und jeder mit feinem, dünnem Haar lobt den Tag, als das erste Volumenspray auf den Markt kam. Eine Langzeitverwendung all dieser Produkte führt jedoch dazu, dass sich die Substanzen auf dem Haar und der Kopfhaut anlagern, wodurch sich die Wirkung in ihr Gegenteil verkehren kann. Friseure empfehlen heute, Haarpflegeprodukte regelmäßig zu wechseln und ein Shampoo zu benutzen, das derartige Anlagerungen entfernt. Oder Sie stellen selbst eine althergebrachte Haarspülung her, die das Haar absolut sauber macht und ihm auch Glanz verleiht.

Die Pflege von Bürsten und Kämmen

Haarbürsten und Kämme sollten einmal wöchentlich gewaschen werden, um die natürlichen Öle der Haare sowie Rückstände von Shampoos und anderen Haarpflegemitteln zu entfernen. Man wäscht sie in warmem Wasser, dem ein mildes Reinigungsmittel zugesetzt ist, und spült sie anschließend ab.

Bei Bürsten mit Echthaarborsten, deren Körper aus Holz, Silber, Horn usw. besteht, taucht man nur die Borsten in die Waschmittellösung und spült sie behutsam ab. Anschließend müssen sie mit den Borsten nach unten an einem warmen Platz auf einem weichen Handtuch trocknen. Antike Horn- und Schildpattkämme wischt man am besten nur mit einem feuchten Tuch sauber und reibt sie anschließend mit einem in Mandelöl getränkten Tuch ab. Dies verhindert, dass der Kamm austrocknet und splittert.

Essig-Haarspülung

25 g getrocknete Kamillenblüten (für feines Haar)
2 Tropfen Kamillenöl

oder

25 g frischer Rosmarin (für dunkles Haar)
2 Tropfen Rosmarinöl (in der Schwangerschaft kein Rosmarinöl verwenden)
450 ml leicht kochendes Wasser
25 ml Apfelessig

Die Kamillenblüten oder den Rosmarin in ein Glas füllen und mit dem leicht kochenden Wasser übergießen. Mit einem Tuch abdecken und über Nacht stehen lassen. Am nächsten Tag die Flüssigkeit durch ein Sieb abgießen und den Apfelessig und das ätherische Öl hinzufügen. Sofort als Spülung nach der Haarwäsche verwenden oder zum späteren Gebrauch in ein verschließbares Glas oder eine Flasche füllen. Im Kühlschrank hält sich die Spülung bis zu einer Woche.

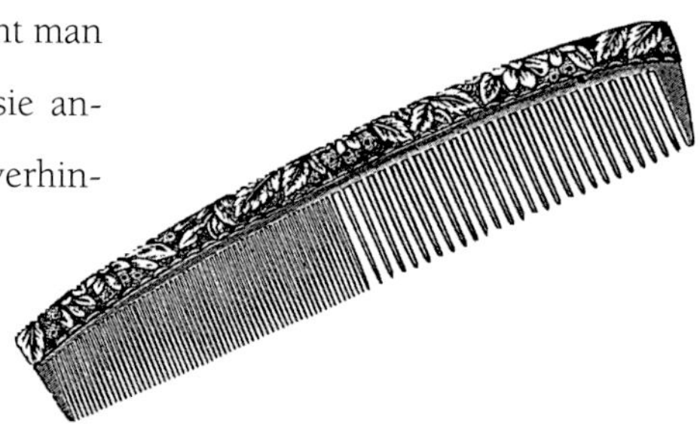

Badezusätze

Ein entspannendes Bad gehört zu den einfachsten, aber schönsten Vergnügen des Lebens. Kaum etwas anderes hat die gleiche wohltuende Wirkung nach einem anstrengenden Arbeitstag, entspannt die Muskeln nach harter Gartenarbeit oder verwöhnt einfach nur. Wer herrliche Badeöle und andere Badezusätze zu Geburtstagen und Weihnachten reichlich geschenkt bekommt, braucht vermutlich wenig Ermunterung, um von Zeit zu Zeit ein wohliges Bad zu genießen. Ist dies jedoch nicht der Fall, dann gibt es einfache Möglichkeiten, um eine Badewanne voller Wasser zu einem lustvollen Erlebnis werden zu lassen.

Aufgüsse

Aufgüsse sind die einfachste Sache der Welt. Man nimmt einen Strauß seiner Lieblingsduftkräuter, etwa Lavendel, Rosmarin, Duftpelargonien oder Zitronenmelisse, und bindet sie so zusammen, dass man sie oben mit einer Schlaufe an den Heißwasserhahn hängen kann. Wenn dann das heiße Wasser in die Wanne einläuft, entzieht es den Kräutern die ätherischen Öle, das Badewasser duftet herrlich.

Für ein schnelles Kräuterbad kann man auch Teebeutel verwenden. Kamille wirkt beruhigend; Pfefferminze ist gut gegen matte, fleckige Haut; Limettenblüten wirken tiefenreinigend und glättend; und mineralstoffreiche Brennnesseln reinigen und nähren die Haut. Fünf Teebeutel in der Wanne mit kochendem Wasser übergießen, 15 Minuten ziehen, dann das Badewasser einlaufen lassen.

Heilsame Badezusätze

Kräuteressig: Apfelessig macht die Haut wundervoll weich. Man kann Hautpflege und medizinische Wirkung kombinieren, indem man eine Hand voll Gartenkräuter in eine halbe Flasche Apfelessig gibt, sodass ein kräftiger Kräuter-

Apfelessig entsteht. Das Ganze eine Woche stehen lassen, dann den Essig durch ein Sieb abgießen und in eine hübsche Flasche füllen. Einige Löffel davon als Badezusatz ins Wasser geben. Verwenden Sie Rosmarin für ein belebendes Morgenbad, Minze bei Abgeschlagenheit, Thymian oder Salbei bei drohender Erkältung, Majoran zur Beruhigung vor dem Schlafengehen und Lavendel zur Entspannung der Muskeln.

Hafer-Mandel-Zusatz: Je einen Becher (250 ml) fein gemahlenes Hafermehl und gemahlene Mandeln vermischen. In ein Baumwolltuch binden und das Säckchen an den Heißwasserhahn hängen, sodass das Wasser durch das Säckchen in die Badewanne läuft. Das Wasser wird milchig und fühlt sich sehr, sehr weich an.

Ingwerbad: Ein Ingwerbad wärmt und ist gut bei steifen oder rheumatischen Gelenken. Ein ungeschältes, 5 cm langes Stück frische Ingwerwurzel in Scheiben schneiden, mit 1 Liter Wasser aufkochen und 30 Minuten köcheln lassen. Abgießen und als Zusatz für ein wärmendes Bad vor dem Schlafengehen verwenden.

Badeöle

Ätherische Öle, dem Badewasser aus therapeutischen Gründen oder auch nur zum reinen Vergnügen zugesetzt, fügt man nach dem Einlaufen des Badewassers hinzu; bei unverdünnten ätherischen Ölen reichen drei Tropfen. Kamille, Lavendel, Muskatellersalbei, Geranium, Zitrusöle, Majoran, Rose, Sandelholz, Vetivergras und Ylang-Ylang sind alle zu empfehlen; während der Schwangerschaft oder bei bestehenden Krankheiten sollten ätherische Öle allerdings generell gemieden werden. Zitrusöle haben eine kurze Haltbarkeit, und viele sind phototoxisch, das heißt, man sollte sie nicht anwenden, wenn man die Haut anschließend der Sonne aussetzt, da sie sonst Pigmentveränderungen hervorrufen können.

Das Badezimmer putzen

Ein nicht wirklich sauberes Badezimmer ist wenig einladend. Wer möchte sich schon in eine Badewanne mit Schmutzrändern setzen oder sich mit feuchten, bereits benutzten Handtüchern abtrocknen? Im Idealfall sollten sich alle, die das Badezimmer benutzen, auch für dessen Sauberkeit und Ordnung zuständig fühlen. Da aber darüber unterschiedliche Auffassungen herrschen, wird dies nur schwer durchzusetzen sein und die Arbeit an Ihnen hängen bleiben.

Jeder kann die Badewanne putzen, nachdem er sie benutzt hat. Füllen Sie verdünntes Schaumbad in eine Sprühflasche, und zeigen Sie auch den Kindern, wie sie die Wanne sauber bekommen, während das Wasser abläuft – sie werden es als Spiel betrachten und nicht als Arbeit, und das Schaumbad ist für sie nicht schädlich. Fordern Sie alle Familienmitglieder auf, ihre Handtücher nach dem Gebrauch aufzuhängen – Handtuchhalter oder Haken und Handtücher in verschiedenen Farben sind dabei eine nützliche Hilfe. Und wenn es der Platz zulässt, stellen Sie einen großen, leicht zugänglichen Behälter für schmutzige Wäsche auf, damit sie nicht einfach im Badezimmer liegen bleibt.

Der beste Zeitpunkt, das Badezimmer zu putzen, ist kurz bevor Sie selbst unter die Dusche oder in die Badewanne steigen. Wählen Sie einen realistischen Zeitpunkt, sodass Sie für diese Arbeit ausreichend Zeit haben. Es gibt zwei Gründe, weshalb dies die beste Vorgehensweise ist – zum einen können Sie das frisch geputzte Bad vor allen anderen Familienmitgliedern genießen, und zum anderen macht es nichts, wenn Sie beim Putzen nass und schmutzig werden.

Die Dusche lässt sich am einfachsten putzen, wenn Sie darunter stehen. Nehmen Sie eine Sprühflasche mit Essig und einen kleinen Schwamm, um die Fliesen und die Glastrennwände zu säubern und um Kalkablagerungen zu entfernen. Die Duschwanne lässt sich mit einem handelsüblichen Mittel reinigen, wenn man die Dusche verlässt, wobei man zur Tür hin arbeitet.

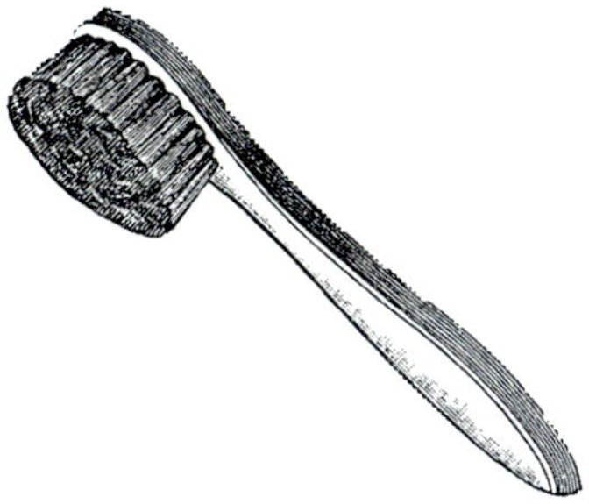

Schmutzige Fugen

Ein Badezimmer kann blitzsauber sein; wenn aber die Fugen rund um die Fliesen schmutzig sind, sieht es trotzdem schmuddelig aus. Besprühen Sie die Fugen mit einem Reiniger, der einen Bleichzusatz enthält, und entfernen Sie die Verfärbungen dann mit einer Nagel-oder Spülbürste. Ein ebenfalls gutes Mittel ist ein selbst angerührter Brei aus Schlämmkreide und Wasser.

Die Hausapotheke

Jeder Haushalt sollte über eine ausreichend bestückte Hausapotheke und ein Grundwissen zur Behandlung kleinerer Verletzungen verfügen. Für ernstere Notfälle sollte man die Maßnahmen kennen, die zu ergreifen sind, bis ärztliche Hilfe kommt. Der richtige Ort für die Hausapotheke ist kühl, dunkel und trocken und vor allem für Kinder nicht zugänglich.

Eine Hausapotheke sollte eine reiche Auswahl an wasserfesten und normalen Pflastern enthalten; sterile Mullbinden und Watte; Kompressen; Schlauchmullbinden für Fingerverletzungen; antiseptische Wundsalbe; Antihistamin-Salbe oder ein ähnliches Produkt zur Behandlung von Insektenbissen und -stichen; ein Fieberthermometer; eine Pinzette; eine Schere; Sicherheitsnadeln und eine Schlinge. Verschiedene Schmerzmittel sollten ebenfalls vorhanden sein.

Homöopathische Hausapotheken enthalten Erste-Hilfe-Mittel, verschiedene Salben und Tinkturen. Neben den Bach-Blüten-Notfalltropfen und Arnica C 30 zur Schock- oder Traumabehandlung sollten mindestens Calendula-Salbe für Schnitt- und Schürfwunden und Pyrethrum-Tinktur für Insektenbisse und -stiche verfügbar sein.

Erste-Hilfe-Kurse

Das Rote Kreuz und andere Vereinigungen halten Erste-Hilfe-Kurse ab, in denen die grundlegenden und lebenswichtigen Notfallmaßnahmen vermittelt werden. Die Teilnahme an einem solchen Kurs versetzt Sie in die Lage, Menschenleben zu retten. In einer Notfallsituation haben Sie in der Regel weder die Zeit noch die Möglichkeit, in einem Buch nachzuschlagen, und die Techniken sind erheblich leichter zu erlernen und richtig anzuwenden, wenn Sie praktische Erfahrungen unter kontrollierten Bedingungen sammeln konnten.

Verbrennungen

Alle Verbrennungen, ob nässende oder trockene, müssen sofort durch Kühlen behandelt werden. Tragen Sie niemals Salben, Butter oder Lotionen auf. Der verletzte Bereich sollte nach Möglichkeit für wenigstens 10 Minuten in kaltes Wasser getaucht oder unter fließendes kaltes Wasser gehalten werden; in den meisten Fällen gilt, je länger die Kaltanwendung, desto besser. Sobald der Bereich gründlich gekühlt ist, sollte man einen sterilen Verband auflegen oder, wenn ein größerer Bereich betroffen ist, ein sauberes Bettlaken oder einen Kopfkissenbezug. Brandblasen niemals öffnen! Bei allen schweren Verbrennungen ist sofortige ärztliche Hilfe erforderlich.

Wunden

Leichte Schnitt- und Schürfwunden kann man selbst behandeln. Doch gibt es bestimmte Wunden, die ernster sind und von einem Arzt versorgt werden müssen:

- Tiefe Stichwunden, die durch schmutzige oder rostige Gegenstände verursacht wurden; sie entzünden sich leicht und müssen deshalb ärztlich versorgt werden.
- Eine Wunde, aus der das Blut pulsierend austritt; es könnte eine Arterie verletzt sein. Rufen Sie sofort ärztliche Hilfe! Decken Sie die Wunde bis zum Eintreffen des Arztes mit einem sauberen Mull- oder Wattebausch ab, und drücken Sie wenigstens 15 Minuten lang fest darauf, um die Blutung zu stillen. Oder legen Sie einen Druckverband an. Bei sehr starken Blutungen an den Armen oder Beinen sollten Sie die Schlagader oberhalb der Verletzung kurzfristig abbinden und den Patienten so lagern, dass sich die Wunde oberhalb des Herzens befindet, da so auch die Blutung schwächer wird.
- Risswunden mit unregelmäßigen Rändern und tiefe Wunden, bei denen das Fettgewebe oder die Muskulatur sichtbar wird; sie müssen genäht werden.
- Bissverletzungen durch Tiere.

Resorcin

Natürliche Heilmittel

Lange bevor es die moderne Medizin gab, behandelten sich die Menschen mit Heilmitteln, die sie in der Natur sammelten. Viele Jahre lang blieben sie weitgehend unbeachtet, doch gewinnen die altbewährten Hausmittel wieder zunehmend an Bedeutung, weil die modernen Medikamente mit ihren Nebenwirkungen nicht immer das Allheilmittel sind, das wir uns erhofft haben. Darüber hinaus belegen immer mehr wissenschaftliche Untersuchungen, dass die heilende Wirkung vieler Pflanzen keine Legende, sondern Tatsache ist.

Selbstverständlich sollte niemand versuchen, eine ernsthafte Krankheit selbst zu behandeln. Die meisten Ärzte sind Naturheilmitteln gegenüber heute recht aufgeschlossen und stehen einem Gespräch über die verschiedenen Behandlungsmöglichkeiten offen gegenüber. Fragen Sie bei selbstständiger Einnahme eines natürlichen Heilmittels, ob es sich mit einem ärztlich verschriebenen Medikament verträgt.

Halsschmerzen und Husten

Kleinere Beschwerden behandelt man zumeist selbst – ein Husten, eine beginnende Halsentzündung im üblichen Maß lassen sich zweifellos gut mit natürlichen Heilmitteln wie einem Salbeitee mit Honig und Zitrone behandeln. Gartensalbei hat eine besondere Affinität zu Mund und Hals; dies macht ihn besonders geeignet als Gurgelwasser und für Mundspülungen.

Salbeitee mit Honig und Zitrone

15 rote Salbeiblätter

300 ml kochendes Wasser

Saft von 1 Zitrone

1 EL Honig

Die Salbeiblätter in eine vorgewärmte Teekanne füllen und mit dem frisch gekochten Wasser übergießen. Den Deckel auflegen und den Aufguss 20 Minuten ziehen lassen. Den Zitronensaft zugießen und den Tee anschließend durch ein Sieb abseihen. Mit Honig süßen und schluckweise trinken.

Ein anderes altbewährtes *Hustenmittel aus Russland:* Drei oder vier große Knoblauchzehen schälen und in Scheiben schneiden. In einer Schüssel mit flüssigem Honig bedecken. Die Schüssel mit Klarsichtfolie verschließen und das Ganze einige Stunden stehen lassen. Alle paar Stunden einen Teelöffel von diesem erstaunlich köstlichen Sirup einnehmen.

Links: Honig-Zitronen-Tee ist ein altes Hausmittel gegen Halsentzündungen. Servieren Sie ihn in einer hübschen Porzellantasse mit einem dekorativen Streifen Zitronenschale.

Rechte Seite: Honig wird seit langem wegen seiner heilenden, wohltuenden Wirkung geschätzt. Er ist leicht verdaulich und sorgt für einen Energieschub.

Lotion zum Einreiben der Brust

Diese Lotion wirkt bei Erkältung entspannend und schleimlösend, wenn man vor dem Zubettgehen die Brust damit einreibt.

50 ml Körperlotion ohne Parfumzusatz
5 Tropfen Weihrauchöl
5 Tropfen Dostöl
10 Tropfen Lavendelöl

Die Körperlotion mit den ätherischen Ölen verrühren. Da sich die Mischung gut hält, kann man eine größere Menge davon herstellen und in einem luftdicht verschlossenen Behälter aufbewahren.

Zimt-Brandy war im letzten Jahrhundert ein beliebtes Grippemittel. Zur Herstellung ein halbes Dutzend Zimtstangen in eine Viertelflasche billigen Weinbrand geben und das Ganze wenigstens eine Woche durchziehen lassen. Nehmen Sie dann über einige Stunden hinweg jede halbe Stunde ein oder zwei Teelöffel Zimt-Brandy in etwas heißem Wasser ein und anschließend stündlich, bis Sie sich besser fühlen. Eine letzte Dosis vor dem Zubettgehen fördert darüber hinaus den Schlaf.

Halsentzündungen

Schwarze Johannisbeeren sind sehr reich an Vitamin C und wirken gut gegen Halsentzündungen. Für ein linderndes Getränk einen Löffel schwarze Johannisbeerkonfitüre in 250 ml heißem Wasser auflösen (Abbildung links).

Verdauungsstörungen

Kräutertees gehören zu den wirkungsvollsten Mitteln bei Verdauungsbeschwerden. Pfefferminze, Thymian, Kamille, Zitronenstrauch und Fenchel wirken alle lindernd. Zur Zubereitung siedendes Wasser über die frischen Kräuter oder Teebeutel gießen, zudecken und den Aufguss 5 Minuten ziehen lassen.

Entzündete Augen

Teebeutel sind eine bequeme und wirkungsvolle Kompresse bei müden oder entzündeten Augen. Mit ihrem hohen Gerbsäuregehalt wirken normale Schwarzteebeutel straffend auf die Haut der Augenpartie, Kamille dagegen eher entspannend. Die Teebeutel in eine Untertasse oder eine Schüssel legen und ein wenig siedendes Wasser darüber gießen. Zudecken, ziehen und abkühlen lassen. Die leicht ausgedrückten Teebeutel wenigstens 10 Minuten auf die Augen legen.

Splitter entfernen

Die betroffene Stelle in heißem Seifenwasser baden und anschließend, wenn die Haut schön weich geworden ist, den Splitter mit einer Pinzette herausziehen.

Wärmender Wintertrank

Für eine belebende und wärmende Stärkung im Winter ein 2–3 cm großes Stück frische Ingwerwurzel schälen und reiben (siehe links). Den Ingwer in einem Becher mit kochendem Wasser übergießen, mit Honig süßen und morgens als Erstes trinken.

KÜCHE UND VORRATS-KAMMER

Töpfe und Pfannen

In der Vergangenheit gehörte die Pflege von Töpfen und Pfannen zu den größeren Arbeiten in der Küche. Heutzutage erleichtern Antihaftbeschichtungen, Email- und Edelstahloberflächen die Arbeit erheblich, doch muss man das richtige Kochgeschirr für den jeweiligen Herd auswählen und auch dieses pflegen, damit es lange hält und die Oberflächen keinen Schaden nehmen. Es lohnt sich, das Beste zu kaufen, was man sich leisten kann – Kochgeschirr guter Qualität kann ein Leben lang halten.

Profiköche raten zu Geschirren mit schweren, geschliffenen Böden, da sie die Hitze gleichmäßig verteilen und das Kochgut weniger schnell ansetzt und anbrennt. Sie sind für die meisten Herdtypen ideal, mit Ausnahme von halogenbeheizten Glaskeramik-Kochfeldern und selbstverständlich Mikrowellengeräten.

Antihaftbeschichtung

Die Antihaftbeschichtung ist aus dem amerikanischen Raumfahrtprogramm hervorgegangen, und ganz gleich, wie man zum Nutzen der Raumfahrt steht, diesen speziellen Fortschritt mag niemand missen. Es gleicht beinahe einem Wunder, wie eine Antihaftbeschichtung alles »abweist«, was mit ihr in Kontakt kommt. Damit dies auch so bleibt, darf man keine Metallgeräte benutzen, da sie die Oberfläche zerkratzen und beschädigen; Holz und Kunststoff sind unbedenklich. Verwenden Sie auch keine Reinigungsmittel mit schleifenden Substanzen.

Welches Material?

Gusseiserne Töpfe und Pfannen mit einer Emailbeschichtung sind lange haltbar und besonders gut für Aga-Öfen und ähnliche Herde geeignet. Sie sind perfekt für Ragouts und Eintöpfe, also langsame Garmethoden, doch liegt ein wesentlicher Nachteil in ihrem großen Gewicht. Die Oberfläche verfärbt sich mit der Zeit – kein Problem, solange die Emailschicht nicht beschädigt ist. Um die Verfärbung zu

Gusseisen richtig behandeln

Wenn gusseiserne Bratpfannen, Grill- oder Bratplatten richtig gepflegt werden, können sie in der Küche sehr nützlich sein. Neues gusseisernes Kochgeschirr sollte vor der Verwendung »eingebraten« werden. Dazu die Oberfläche mit Pflanzenöl bestreichen und die Pfanne bei mittlerer Temperatur eine halbe Stunde in den Backofen stellen. Aus dem Ofen nehmen, abkühlen lassen und den Vorgang noch zweimal wiederholen. Mit Küchenkrepp auswischen oder unter heißem Wasser abspülen, aber kein Spülmittel verwenden, da es die Schutzschicht zerstören würde.

Angebrannte Speisereste entfernen

Um angebrannte Speisereste zu entfernen, den Topf oder die Pfanne mit einer Lauge aus Wasser und einem biologischen Waschmittel füllen und einige Stunden einweichen lassen. Anschließend die Lauge aufkochen. In schweren Fällen kann es nötig sein, den Vorgang zu wiederholen.

beseitigen, füllt man das Geschirr mit einer Bleichlösung oder verwendet einen Reiniger für Emailbadewannen; nach einiger Zeit verfärbt sich die Oberfläche jedoch erneut.

Edelstahltöpfe und -pfannen guter Qualität sind kaum zu überbieten. Hochwertige Produkte haben geschliffene Böden zur besseren Wärmeverteilung und Griffe, die die Wärme nicht weiterleiten. Edelstahl lässt sich einfach reinigen und wird für zusätzlichen Glanz von Zeit zu Zeit mit einem handelsüblichen Edelstahlreiniger geputzt.

Nur noch in wenigen Küchen findet sich Kochgeschirr aus Kupfer, niemand mag es putzen und polieren. Aber vielleicht besitzen Sie eine kupferne Rührschüssel oder kleine Pfanne, deren Zustand Sie erhalten möchten. Die Verwendung eines handelsüblichen Kupferreinigers fur Gegenstände, die zur Nahrungsmittelzubereitung benutzt werden, kann dazu führen, dass das Kupfer anläuft. Weitaus besser ist es, eine in Salz getauchte halbe Zitrone zu nehmen und das Kupfer damit von der Oxidationsschicht zu befreien.

Linke Seite: Ein Tellerbord ist ein nützlicher und leicht zugänglicher Aufbewahrungsort für die am häufigsten benutzten Töpfe, Pfannen, Backbleche und Teller.

Rechts: Bei Aga-Öfen und ähnlichen Herden ist es wichtig, dass alle Töpfe und Pfannen einen schweren, geschliffenen Boden haben, der flach auf den Kochplatten aufliegt.

Geschirr

Der Begriff Geschirr umfasst alles vom feinsten antiken, von Hand bemalten Porzellan bis hin zu billigem und farbenfrohem Steingut aus dem Kaufhaus. Jedes Geschirr, ob preiswert oder nicht, ist zerbrechlich und muss richtig behandelt werden, um in gutem Zustand zu bleiben.

Geschirr in der Spülmaschine

Von Hand bemaltes Porzellan und solches mit Gold- oder Silberdekor sollte niemals in der Maschine gespült werden, da die Hitze und die kräftigen Spülmittel den Dekor rasch verderben. Solches Geschirr spült man immer von Hand – ein Aspekt, den man vor der Anschaffung von neuem Geschirr bedenken sollte. Bevor Sie sich unsterblich in ein bestimmtes Geschirr verlieben, schauen Sie nach, ob es spülmaschinengeeignet ist – Sie könnten sich (oder Ihre Lieben) sonst zu jahrelangem Frondienst am Spülbecken verurteilen. Industriell hergestelltes Geschirr ist heute glücklicherweise in den meisten Fällen spülmaschinenfest und zusätzlich mitunter sogar ofenfest.

Bevor man es in den Geschirrspüler stellt, sollte schmutziges Geschirr von Speiseresten befreit und am besten auch abgespült werden. Beladen Sie die Spülmaschine von hinten nach vorne. Auf diese Weise wird der Platz am besten ausgenutzt und das Risiko geringer, Geschirr aus Versehen anzuschlagen, wenn man über die vorderen Teller nach hinten gelangen muss.

Geschirr aufbewahren

In offenen Regalen oder Tellerborden sollte man nur Geschirr aufbewahren, das regelmäßig benutzt wird, da sich sonst zwangsläufig Staub und Schmutz darauf absetzen. Dies gilt speziell für die Küche, wo Fette und Öle sich mit Staubpartikeln vermischen, bevor sie sich auf Oberflächen und Gegenständen ablagern. Generell ist es besser, Geschirr in geschlossenen Schränken aufzubewahren. Wer eine große Küche besitzt, hat auch die Möglichkeit, einen offenen Geschirrschrank oder ein Regal in einiger Entfernung zum Kochbereich aufzustellen, wo sich weniger Fett und Öl ablagert.

Beschädigtes Geschirr

Angeschlagenes oder gesprungenes Geschirr sollte man nicht mehr benutzen, da es Keime beherbergen kann. Werfen Sie es weg, nehmen Sie es für Mosaike, oder stellen Sie einen Blumentopf darauf. Wertvolles Porzellan, das beschädigt ist, lässt sich von einem Fachmann restaurieren, wird aber niemals mehr seine ursprüngliche Stabilität erhalten und sollte daher lediglich als Dekorationsstück dienen.

Porzellan-Vermittlungsdienste

Nur allzu oft stellen Firmen die Produktion gerade der Teller und Schüsseln ein, die man schon seit Jahren benutzt. Doch es gibt Porzellan-Vermittlungsdienste, die versuchen, andere Bezugsquellen für Sie ausfindig zu machen (siehe Internet).

Glas

Manche Menschen zerbrechen ständig Gläser, andere besitzen ihre Gläser jahrelang, ohne dass ein einziges davon kaputtgeht. Wenn Sie zur ersten Kategorie gehören, ist es vermutlich am besten, sich für robuste Gläser zu entscheiden – wie etwa Gläser nach französischer Kaffeehausart, die in neun von zehn Fällen ganz bleiben, wenn sie herunterfallen. Glassplitter fliegen zumeist weit in alle Richtungen und bleiben unerkannt, bis jemand mit nackten Füßen hineintritt.

Glas in der Spülmaschine

Wie Geschirr lässt sich auch Glas in zwei Kategorien unterteilen – solches das sich problemlos in der Spülmaschine reinigen lässt, und das, welches von Hand gespült werden sollte. Bleikristall, altes, bemaltes und sehr

Beschädigtes Glas

Angeschlagene Gläser sind gefährlich und sollten weggeworfen werden, es sei denn, sie sind besonders wertvoll oder antik. Bei kleineren Schäden kann ein professioneller Restaurator die abgesprungenen Stellen einschleifen und glätten, sodass das Glas wieder benutzt werden kann. Dieses Verfahren ist jedoch recht teuer, und es besteht auch immer die Gefahr, dass das Glas dabei gänzlich zerbricht.

Links: Eine Sammlung kleiner Vasen und Gläser von Trödlern und Flohmärkten lässt sich gut zum Aufstellen von Blumen aus dem eigenen Garten verwenden.

Rechte Seite: Dekoratives Glas kommt am besten zur Geltung, wenn es makellos sauber ist und das Sonnenlicht hindurchscheinen kann.

zerbrechliches Glas sollte man stets von Hand spülen. Das Blei in altem Glas und Kristall wird durch die Hitze der Spülmaschine beeinträchtigt, sodass das Glas matt wird und seinen Glanz verliert. Gespülte und nachgespülte Gläser stellt man zum Ablaufen mit der Öffnung nach unten auf ein sauberes Tuch und trocknet sie anschließend mit einem Leinentuch ab.

Weinkenner empfehlen, für Weingläser überhaupt kein Spülmittel zu verwenden, da es den Wein verderben könne. Doch scheint dies nur für Genießer erlesenster Spitzenweine zu gelten. Bei Bier trifft es jedoch zu, denn das Spülmittel lässt die Schaumkrone schneller zusammenfallen.

Glaswaren des täglichen Gebrauchs kann man problemlos in die Spülmaschine stellen. Auch hier belädt man die Maschine am besten von hinten nach vorne, um Glasbruch zu vermeiden. Mit der Zeit kann sich jedoch auf dem Glas ein hässlicher Belag bilden. Er lässt sich zumeist nur schwer entfernen, doch kann man es mit einem Entkalker oder Essigwasser versuchen. Um das Entstehen des Belages zu verzögern, kann die Geschirrspülmaschine auch ohne Spülmittel laufen, wenn man ausschließlich Glaswaren spült.

Glas aufbewahren

Wie Geschirr wird auch Glas am besten in geschlossenen Schränken aufbewahrt und nicht in offenen Regalen, wo sich Staub und Schmutz absetzen können und die Gefahr größer ist, dass man es umstößt und es herunterfällt. Glaswaren erlesener Form und Qualität eignen sich gut als Dekorationsstücke in einem Glasschrank, speziell wenn er zusätzlich über Böden aus Glas und eine indirekte Beleuchtung verfügt.

Besteck

Nur wenige besitzen noch ein echtes Silber- oder versilbertes Besteck, weil niemand die Zeit hat, es zu putzen. Die meisten von uns möchten ein stilvolles, aber robustes Besteck, das jeden Tag benutzt werden kann, aber auch für besondere Anlässe geeignet ist und – was am wichtigsten ist – makellos sauber aus der Geschirrspülmaschine kommt. Ein Ausweg sind zwei Bestecke – eines für den Alltagsgebrauch und eines für besondere Anlässe. Echtes Silber- oder versilbertes Besteck, das nur gelegentlich benutzt wird, kann in Spezialbeuteln oder unter Tüchern mit Anlaufschutz aufbewahrt werden. Wird es sorgfältig gespült und abgetrocknet, braucht man es im Allgemeinen nur ein- bis zweimal jährlich mit einer Silberpolitur mit Anlaufschutz zu putzen (zum Putzen von Silber siehe Seite 24).

Besteck aufbewahren

Alltagsbesteck bewahrt man am besten in einer leicht zugänglichen Besteckschublade mit entsprechenden Unterteilungen auf. Praktisch sind auf Schienen laufende Doppeleinsätze. Da die Einsätze häufig nicht genügend Fächer haben oder diese nicht ausreichend lang sind, lohnt es sich, selbst Schubladenunterteilungen anzubringen. Traditionell sind solche Stege mit Filz bespannt. Silberbesteck sollte jedoch nicht in solchen Schubläden oder Kästen verstaut werden, da diese Materialien das Anlaufen fördern.

Bewahren Sie Küchenmesser niemals zwischen anderem Besteck auf – hauptsächlich, um Verletzungen zu vermeiden, aber auch, damit die Schneiden nicht stumpf werden. Scharfe Messer sind am besten in einem Messerblock, einem Messerhalter oder an einem Magnetstreifen an der Wand aufgehoben – außerhalb der Reichweite von Kindern und so, dass die Messer nicht versehentlich angestoßen werden und herunterfallen können. Im Idealfall sollten Küchenmesser einmal wöchentlich mit einem Wetzstahl geschärft werden; Messer mit Wellenschliff muss ein Fachmann bearbeiten. Messer, die im

Lauf der Zeit ihre Schärfe völlig verloren haben, können nur vom Fachmann geschliffen werden, doch sollte man sie anschließend regelmäßig schärfen.

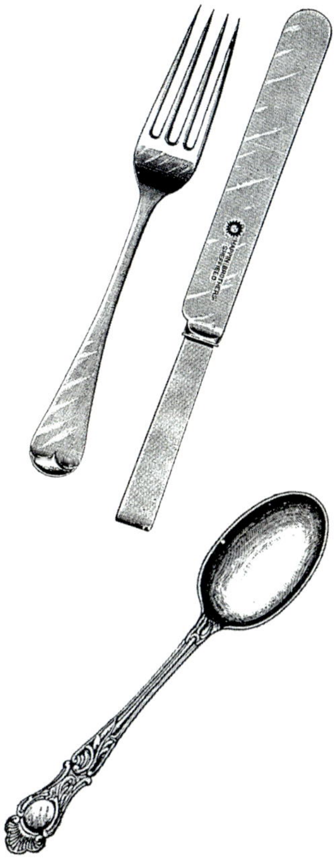

Besteck in der Spülmaschine

Die meisten Küchenmesser spült man am besten von Hand, speziell solche, deren Griffe in der Spülmaschine Schaden nehmen. Spitze Messer sollten unbedingt mit der Schneide nach unten im Besteckkorb stehen, um Verletzungsgefahr vorzubeugen.

Besteck mit Horn- oder Holzgriffen gehören nicht in die Spülmaschine, da die Hitze und das Spülmittel die Griffe verfärben und bei altem Besteck den Kleber anlösen können, der die Schneide und den Griff zusammenhält. Beide Arten von Besteck in warmem Wasser von Hand spülen und anschließend sofort abtrocknen. Holz- und Horngriffe reibt man mit Pflanzenöl ein, um ein Austrocknen und Reißen zu verhindern.

Linke Seite: Scharfe Messer sollten stets getrennt vom restlichen Besteck aufbewahrt werden, am besten in einem Messerhalter oder einem Messerblock und stets außerhalb der Reichweite von Kindern.

Rechts: Besteck mit Bambus- oder anderen Holzgriffen sollte man von Hand in heißem Wasser ohne Spülmittel säubern. Die Griffe von Zeit zu Zeit mit Pflanzenöl einreiben, damit sie nicht austrocknen.

Küchenfußböden

Bei der Wahl des Bodenbelags für die Küche sollte man neben der Kostenfrage auch die Haltbarkeit und den Komfort bedenken. So sieht beispielsweise ein Fußboden aus hellem Sandstein wunderbar aus und hält praktisch ewig, doch kann es recht kalt und ermüdend sein, wenn man längere Zeit darauf steht. Ein Holzfurnierboden dagegen sieht gut aus, ist warm und angenehm an den Füßen, kann aber durch herunterfallende Gegenstände Schaden nehmen. Wenn Sie Stunden in der Küche verbringen, sollten Sie auf harte Böden verzichten und einen Belag wählen, der warm und angenehm für die Füße ist. Darüber hinaus gilt es zu bedenken, dass ein Stein- oder Fliesenboden leicht durch herabfallende Gegenstände beschädigt wird. Küchenböden sollte man nicht wachsen, da sie sonst rutschig werden, was in der Küche besonders gefährlich ist.

Steinfußböden

Steinböden sind sehr haltbar und einfach zu pflegen. Staub kehrt man weg oder saugt ihn ab, und wöchentliches Wischen mit Seifenwasser beseitigt den übrigen Schmutz. Nach dem Wischen entfernt man das überschüssige Wasser mit einem Bodenwischtuch, da es sonst Salze aus dem Stein herauslösen kann, die Flecken verursachen. Ein alter Steinfußboden muss von Zeit zu Zeit mit Kalkmörtel neu ausgefugt werden, damit kein Wasser zwischen die Steinplatten dringt und Schaden von unten hervorruft.

Geflieste Böden

Auch Fliesenböden hält man am besten durch Abkehren oder Absaugen und Wischen mit Seifenwasser oder einem handelsüblichen Fußbodenreiniger sauber. Unglasierte Fliesen müssen nach dem Verlegen geölt und versiegelt werden, da sie sonst Wasser aufnehmen und leicht Flecken bekommen. Damit der Fliesenbelag in gutem Zustand bleibt, muss diese Behandlung einmal jährlich wiederholt werden.

Massivholz- und Holzfurnierböden

Holzböden erfreuen sich in letzter Zeit wieder zunehmender Beliebtheit, was hauptsächlich auf die modernen Herstellungsverfahren zurückzuführen ist. Es gibt drei Arten von Bodenbelägen – Laminat, das wie Holz aussieht, bei dem es sich jedoch um einen Holzwerkstoff handelt, auf den eine fotografische Holzreproduktion aufgebracht ist; Hartholzfurnier auf einer Weichholzplatte und Massivholz. Alle drei können abgefegt und anschließend feucht mit einem Spezialreiniger für Holz gewischt werden, der die Oberfläche reinigt, ohne dem Boden zu schaden.

WAS KOSTET EIN HOLZBODEN?

Der Preisunterschied zwischen den verschiedenen Arten von Holzböden ist groß, wobei Laminat am billigsten und Massivholz am teuersten ist. Zusätzlich sollte man bedenken, dass sich Laminat- und Furnierböden fugenlos auf massiven Untergründen verlegen lassen und beständiger als Naturholz sind, das sich ausdehnt und zusammenzieht.

PVC-, Gummi-, Linoleum- und Marmoleumbeläge

Diese Bodenbeläge sind zu Recht beliebt, denn sie sind strapazierfähig, angenehm an den Füßen und einfach zu pflegen. PVC-Beläge werden am häufigsten verwendet, während Gummibeläge im Industriedesign für Küchen im minimalistischen oder Hightechstil bevorzugt werden. Linoleum und Marmoleum erfreuen sich wieder großer Beliebtheit, seit neue Designer mit diesen Naturprodukten experimentieren. Alle diese Bodenbeläge können feucht gewischt werden; Laufspuren auf Gummibelägen lassen sich mit einem unverdünnten milden Spülmittel abreiben. Bei Linoleum und Marmoleum sollten stark belaufene Bereiche darüber hinaus einmal monatlich mit einem handelsüblichen Versiegelungsmittel bearbeitet werden; in den übrigen Bereichen ist dies weniger häufig nötig.

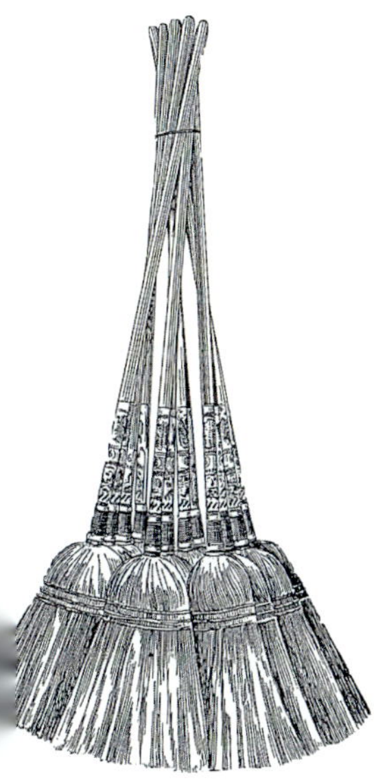

Anstriche

Das Sauberhalten der Küche wird durch feuchte und trockene Hitze, Staub sowie Fette und Öle erschwert, die sich in unterschiedlichen Zusammensetzungen auf allen Oberflächen ablagern. Während in anderen Räumen nur ein oder zwei dieser Faktoren auftreten, hat man in der Küche mit allem zu kämpfen. Außerhalb der Küche genügt es, wenn man regelmäßig Staub wischt und die Spinnweben entfernt, Fingerabdrücke mit einem feuchten Tuch und lackierte Holzflächen gelegentlich mit einer Waschpulverlauge abreibt. Doch die Oberflächen in der Küche erfordern mehr Aufmerksamkeit.

GELUNGENER NEUANSTRICH

Wie sehr man auch versucht sein mag, eine Oberfläche ohne jegliche Vorarbeiten zu überstreichen, das Ergebnis wird nicht gut sein, insbesondere in der Küche, wo fettiger Schmutz und Staub an den Wänden und Holzflächen eine schlechte Haftung bewirken. Aus diesem Grund sollten Holzflächen vor einem Neuanstrich stets abgewaschen und angeschliffen, die Wände abgewaschen werden.

Schutz der Oberflächen

Küchenwände sollten eine glatte Oberfläche haben, die sich abwischen lässt. Die Bereiche um den Herd, die Arbeitsflächen und die Spüle sollten gefliest oder mit einem ähnlich unempfindlichen Material versehen sein. Die übrigen Wände erhalten einen abwaschbaren Vinylanstrich. Ebenso benötigen Holzflächen einen schützenden Überzug aus Klar-, Matt- oder Glanzlack. Wer in der Küche nicht auf Naturholz verzichten möchte, sollte es entweder einölen oder mit einem Mattlack versiegeln.

Damit der Anstrich in der Küche (und an den Küchenmöbeln) möglichst lange schön aussieht, muss er von Zeit zu Zeit abgewaschen werden. Wie häufig dies erforderlich ist, hängt von der Größe der Küche und der Art des Kochens ab. Wenn Sie eine kleine, schlecht belüftete Küche haben und oft gebratene oder frittierte Speisen zubereiten, sammeln sich erheblich schneller Fettrückstände an als in einer großen Küche mit einer starken Dunstabzugshaube, wo das Essen häufig auch im Backofen gegart oder gedämpft wird. Heutzutage gibt es ein ganzes Arsenal geeigneter Küchenreiniger – Pasten, Flüssigkeiten, Sprays und sogar antibakterielle Mittel, die beim routinemäßigen Putzen der Küche alle gute Dienste leisten. Bevor die Küche neu gestrichen wird oder wenn Sie bei einem Umzug eine nicht eben saubere Küche übernehmen, sollten alle Wände und Anstriche mit einer Seifen- oder Spülmittellauge abgewaschen werden. Fett und Schmutz werden dadurch wirkungsvoll angelöst und die Oberflächen für einen Neuanstrich vorbereitet.

Linke Seite: Küchenwände und Holzoberflächen müssen mit der richtigen Art von Farbe gestrichen werden, um einen haltbaren Anstrich zu erzielen.

Rechts: Nicht zusammengehörige Stühle harmonieren gut miteinander, wenn sie in der gleichen Farbe oder wenigstens dem gleichen Farbton gestrichen sind.

Fenster

Sofern Ihr Haus nicht gerade an einer exponierten Stelle steht oder extreme Witterungsbedingungen herrschen, ist nicht immer ersichtlich, wann die Fenster geputzt werden müssen. Der Schmutz baut sich nach und nach auf, bis plötzlich auftretender Sonnenschein an den Tag bringt, dass sich Ihr Blick auf die Außenwelt zunehmend verschleiert hat. Wie bei einer Brille kann das Putzen der Fenster alles wieder scharf und in leuchtenden Farben erkennbar werden lassen. Darüber hinaus profitieren Zimmerpflanzen von dem besseren Tageslicht. Aus diesem Grund ist es auch wichtig, die Fenster von Wintergärten und Gewächshäusern regelmäßig zu putzen.

Fenster putzen

Der einfachste Weg, Fenster sauber zu halten, ist es, einen Fensterputzer zu engagieren! Ein guter Fensterputzer erledigt die Arbeit weitaus schneller und besser als man selbst. Steht einem diese Möglichkeit nicht offen, muss man die Fenster notgedrungen selber putzen. Es herrschen zwei Auffassungen darüber, wie man diese Arbeit am besten durchführt – die einen putzen bei den routinemäßigen Reinigungsarbeiten jede Woche ein Fenster innen und außen, die anderen putzen etwa alle drei Monate sämtliche Fenster auf einmal. Die erste Methode ist einfacher durchführbar, die zweite hat eine deutlicher sichtbare Wirkung. Für welche Methode Sie sich entscheiden, hängt davon ab, ob Sie bei Ihren Arbeiten lieber methodisch vorgehen oder alles auf einen Ruck erledigen wollen.

Für gute Ergebnisse benötigen Sie ein handelsübliches Fensterputzspray und reichlich saubere, fusselfreie Tücher. Gut geeignet sind alte Bettbezüge oder T-Shirts oder gekaufte Leinen- oder Baumwolltücher, die allerdings sauber sein müssen, da die Arbeit sonst schwieriger wird. Wenn die Fenster besonders schmutzig sind und bereits geraume Zeit nicht geputzt wurden, kann man Tücher sparen, indem man die Scheiben mit Reiniger besprüht und zunächst den gröbsten Schmutz mit zerknülltem Zeitungspapier entfernt. Anschließend wiederholt man das Ganze mit einem sauberen Tuch – und die Fenster werden strahlend blank. Am einfachsten und schnellsten ist es jedoch, die Fenster mit einem Tuch und klarem Wasser abzuwaschen und mit einer Gummilippe abzuziehen. Abschließend werden mit einem sauberen Tuch die Rahmen abgewischt.

Außenscheiben, die schlecht erreichbar oder sehr groß sind, können mit einem speziellen Teleskop-Fensterwischer geputzt werden. Er gibt ein Reinigungsmittel ab und säubert die Fenster recht gut, doch bleiben zumeist Wasserflecken auf den Scheiben zurück. Auch hier ist es das Beste, einen Fensterputzer kommen zu lassen, selbst wenn man die Innenscheiben selber putzt.

Wirkungsvolle Putzmethoden

Zwei bewährte Mittel zum Fensterputzen sind Zeitungspapier und Essig. Zeitungspapier entfernt den groben Schmutz sehr gut – das Papier saugt das gesamte Wasser auf; außerdem ist dies eine ausgezeichnete Möglichkeit, das bergeweise im Haus liegende Zeitungspapier zu verbrauchen. Anschließend putzt man die Scheiben mit Essigwasser, das auch den restlichen Schmutz von den Fenstern beseitigt und ihnen Glanz verleiht.

Das Beschlagen von Fensterscheiben verhindern

Ein sauberes Staubtuch in eine kräftige Waschmittellauge tauchen und es ohne Ausspülen trocknen lassen. Die frisch geputzten Fensterscheiben mit dem Tuch abwischen. Auf diese Weise bleiben sie selbst in der dampfigsten Küche klar.

Wenn ein geöffnetes Fenster an den Tag bringt, dass die Welt erheblich heller ist als durch das geschlossene Fenster, ist es an der Zeit, die Scheiben gründlich zu putzen.

Früchte

Früchte scheinen in zwei Kategorien zu zerfallen – das beliebte Obst, das nach dem Einkauf innerhalb von Stunden aufgegessen wird, und Früchte, die in der Obstschale liegen und zu verfaulen drohen, bis sie in letzter Minute zu Obstsalat oder Obstkuchen verarbeitet werden. Keine dieser Kategorien liegt fest: Clementinen, von denen die Kinder letzte Woche nicht genug bekommen konnten, verlieren plötzlich ihren Reiz – gerade als Sie riesige Mengen davon gekauft haben –, und die Kinder schreien nach etwas anderem, das Sie gerade nicht im Haus haben.

Es gibt keine einfache Antwort auf dieses Dilemma, aber ein gewisses Maß an »Obst-Management« sorgt dafür, dass nicht allzu viel verkommt. Eine große Schale, die bis zum Rand mit Früchten gefüllt ist, sieht zwar ansprechend aus, fördert aber die Verschwendung. Eine sinnvolle Alternative ist das Aufbewahren im Kühlschrank (mit Ausnahme von Bananen – siehe rechts) und nur eine kleine Schüssel mit einigen Früchten auf den Tisch zu stellen. Bei Bedarf kann die Schüssel dann nachgefüllt werden.

Früchte aufbewahren oder lagern

Weiche Früchte wie Erdbeeren, Kirschen, Himbeeren und Heidelbeeren sollten stets ungewaschen im Kühlschrank aufbewahrt werden – sind sie erst einmal gewaschen, müssen sie entweder innerhalb weniger Stunden gegessen, leicht gegart oder mit Zucker bestreut werden, da sie sonst verderben. Ebenso liegen angeschnittene Melonen am besten im Kühlschrank (mit Klarsichtfolie abgedeckt), auch wenn sie, solange sie noch reifen, bei Raumtemperatur aufbewahrt werden sollten.

Reifes Steinobst, zu dem Pflaumen, Pfirsiche, Aprikosen und Nektarinen zählen, sowie Zitrusfrüchte sollte man entweder an einen kühlen Platz oder in den Kühlschrank legen, wobei harte Früchte zunächst an einem warmen Platz nachreifen sollten. Eine reife Frucht zwischen unreifen Früchten beschleunigt diesen Prozess.

Äpfel, Birnen und Quitten (Kernobst) lassen sich einige Zeit in einer kühlen Vorratskammer oder im Keller lagern, dürfen aber keine Druckstellen haben und müssen getrennt voneinander aufbewahrt werden, da sie sonst leicht verderben. Man kann sie auf Lattenregale legen, einzeln in Zeitungspapier wickeln oder in Plastikbeutel packen, die jedoch durchlöchert sein müssen, damit sie nicht schwitzen. In jedem Fall sollte man die Früchte in regelmäßigen Abständen kontrollieren und solche mit Faulstellen aussortieren.

Bananen

Bananen sollten stets getrennt von anderem Obst aufbewahrt werden, da das Gas, das sie beim Reifeprozess absondern, die Haltbarkeit von anderen Früchten mindert. Hat man allerdings Früchte, die beschleunigt reifen sollen, kann man sie zusammen mit einer Banane in eine Papiertüte legen. Werden Bananen bei einer Temperatur von unter 12 °C gelagert, wird ihre Schale schwarz und das Fruchtfleisch holzig; deshalb gehören sie nicht in den Kühlschrank.

Gemüse

In den Tagen, als fast jeder sein Gemüse selbst im Garten anbaute, widmete man dem Einlagern der Ernte viel Zeit, damit das ganze Jahr hindurch frische Produkte zur Verfügung standen. Wurzelgemüse wurde in Mieten im Freien oder in Kellern gelagert, die sommerliche Ernte eingelegt, eingesalzen oder getrocknet und Saisongemüse frisch aus dem Garten geholt, wenn man es brauchte.

Heutzutage kommt man zwar wieder auf selbst gezogenes Gemüse zurück, doch das meiste Gemüse kaufen wir sauber gewaschen, abgepackt und mitunter sogar bereits klein geschnitten. Dieser Bequemlichkeit fallen häufig Geschmack und Nährwert zum Opfer. Der Vitamingehalt vieler Gemüse nimmt ab, sobald sie geerntet sind – insbesondere, wenn sie zusätzlich gewaschen und küchenfertig vorbereitet werden. Tiefgefrorenes Gemüse hat oftmals einen höheren Vitamingehalt als seine »frischen« Gegenstücke. Grünes Gemüse wie Erbsen, Bohnen, Kohl und Blattgemüse sollte man dunkel und kühl – am besten ungewaschen im Kühlschrank – aufbewahren.

Salate

Den größten Nährwert besitzt Salat, wenn er frisch im Garten geerntet wurde. Steht ein solcher nicht zur Verfügung, sollte man Salat kaufen, der möglichst noch in seinem natürlichen Zustand ist, das heißt ganze, ungewaschene Salatköpfe, Bleichsellerie mit Grün, gebündelte Brunnenkresse. Vorgewaschener, abgepackter Salat ist zwar praktisch und enthält häufig eine Reihe von Zutaten, deren Kauf einzeln unökonomisch wäre, aber er muss am Tag des Kaufs verzehrt werden, um wenigstens noch einen geringen Nährwert zu besitzen. Alle grünen Salate werden kühl aufbewahrt, am besten im Gemüsefach des Kühlschranks. Dort sollte man auch Champignons, in eine Papiertüte gepackt, aufheben; sie werden erst unmittelbar vor der Verwendung mit einem feuchten Tuch gereinigt.

Tomaten

Duft und Geschmack einer frisch gepflückten reifen Tomate gehört zu den kulinarischen Freuden des Lebens. Folgen Sie dem Beispiel der besten Küchenchefs, und bewahren Sie Tomaten in einer Schüssel außerhalb des Kühlschranks auf – dies bewahrt und verbessert sogar ihr Aroma.

Wurzelgemüse

Wurzelgemüse lagert man am besten ungewaschen in einer kühlen Speisekammer. Da man es jedoch meistens gewaschen kauft und viele keine Speisekammer besitzen, wird es im Gemüsefach des Kühlschranks aufbewahrt.

Kartoffeln

Es gibt verschiedene Kategorien von Kartoffeln – Frühkartoffeln und Spätkartoffeln. Frühkartoffeln sind eine Delikatesse, die man nur kurze Zeit genießen kann; das übrige Jahr hindurch gibt es dann mittelfrühe, mittelspäte und späte Kartoffelsorten. Wie Wurzelgemüse sind auch Kartoffeln dann am nährstoffreichsten, wenn man sie erst unmittelbar vor der Verwendung wäscht und mit der Schale kocht. Kartoffeln sollten in luftdurchlässigen Behältnissen an einem gut belüfteten, kühlen, dunklen Platz gelagert werden.

Zwiebeln, Schalotten, Knoblauch

Zöpfe aus Zwiebeln, Schalotten und Knoblauch sind dekorativ und fördern die gute Luftzirkulation. Eine Lagerung in Drahtkörben bewahrt alternativ ihre Frische. Im Kühlschrank haben sie nichts zu suchen.

Sommer- und Winterkürbisse

Alle Kürbisse können jung verzehrt oder für den Winter eingelagert werden. Damit sie sich gut einlagern lassen, sollten sie an der Pflanze heranreifen und dann an einem gut belüfteten Platz nachreifen. Beim Reifen wird die Schale hart, und das Fleisch bekommt eine intensivere Farbe sowie ein nussiges Aroma.

Konfitüre

Wer noch niemals Konfitüre gekocht hat, geht von einer komplizierten Prozedur aus, die spezielle Kenntnisse und Utensilien erfordert. Dies trifft nicht zu. Es stimmt zwar, dass beispielsweise die Zubereitung von englischer Orangenmarmelade zeitaufwendig ist, doch entsteht aus 500 g Erdbeeren und 500 g Einmachzucker in weniger als einer halben Stunde 1 kg Erdbeerkonfitüre.

Konfitüre lässt sich mit jeder Art von Zucker herstellen, doch werden Anfänger (und alle mit wenig Zeit) die Verlässlichkeit und Geschwindigkeit von Gelierzucker schätzen. Er enthält Fruchtpektin (als Geliermittel) und Zitronensäure, die nach nur 4 Minuten sprudelnden Kochens das Gelieren bewirken. Gelierzucker ist zwar teurer als Einmachzucker, doch rechtfertigen die kurze Kochzeit und der frische Geschmack der Konfitüre die höheren Kosten. Wenngleich diese Konfitüren nicht so lange haltbar sind – geöffnete Gläser im Kühlschrank aufbewahren –, schlägt das Argument des einfachen Kochens doch alle Einwände. Obst kann im richtigen Reifezustand gepflückt oder gekauft werden; aus einem Teil wird sofort Konfitüre zubereitet, der Rest wird eingefroren und später verarbeitet.

Früchte enthalten unterschiedliche Mengen an Pektin – einem natürlich vorkommenden Geliermittel. Einen hohen Pektingehalt haben beispielsweise Stachelbeeren, Äpfel, Pflaumen, schwarze und rote Johannisbeeren, während Erdbeeren, Kirschen, Heidelbeeren einen niedrigen Pektingehalt aufweisen. Bei vielen Früchten sinkt der Pektingehalt mit zunehmender Reife, sodass man für Konfitüre am besten noch nicht ganz reife Früchte verwendet. Der Pektingehalt lässt sich durch die Zugabe von Zitronensaft oder Früchten mit hohem Pektingehalt erhöhen.

Marmeladengläser vorbereiten

Die Gläser müssen sauber und trocken und beim Einfüllen der heißen Konfitüre warm sein, da sie sonst platzen können. Wer eine Geschirrspülmaschine besitzt, kann die Gläser zusammen mit den Deckeln im Heißspülgang reinigen (sie müssen auch vollständig trocken sein). Anderenfalls wäscht man sie in heißem Spülmittelwasser ab, spült mit klarem Wasser nach und stellt sie umgekehrt 20 Minuten bei mittlerer Temperatur in den Backofen, damit sie trocken und warm werden, während die Konfitüre kocht. Nach dem Einfüllen die Gläser fest verschließen und kurze Zeit auf den Kopf stellen.

Schnelle Konfitüre

500 g vorbereitete weiche Früchte
500 g Gelierzucker
Saubere, trockene, vorgewärmte Marmeladengläser
Untertasse, im Gefriergerät gekühlt (für die Gelierprobe)
Runde Stücke Klarsichtfolie

Den Zucker in eine Schüssel füllen und (zusammen mit den Marmeladengläsern) im Backofen anwärmen. Die Früchte in einen großen, schweren Topf füllen und bei sehr niedriger Temperatur erhitzen, bis sie Flüssigkeit abgeben; dabei behutsam rühren. Den angewärmten Zucker hinzufügen und rühren, bis er sich gelöst hat und die Mischung flüssig wird. Die Hitze heraufschalten und die Konfitüre 4 Minuten sprudelnd kochen lassen. Den Topf von der Kochstelle nehmen. Einen Teelöffel Konfitüre auf die vorgekühlte Untertasse geben – hat sich nach 1 Minute eine Haut gebildet, die sich zusammenschieben lässt, ist die Konfitüre fertig; anderenfalls noch 1 Minute weiterkochen und die Gelierprobe wiederholen. Die Konfitüre in die vorgewärmten Gläser füllen, die Klarsichtfolie darauf legen und die Gläser verschließen.

Gelee

Der wesentliche Unterschied zwischen Konfitüre und Gelee ist, dass Konfitüre aus den ganzen Früchten zubereitet wird, Gelee dagegen aus dem Saft, den man von den gekochten Früchten ablaufen lässt, bevor der Zucker hinzukommt. Saft und Zucker werden anschließend gekocht, bis der Gelierpunkt erreicht ist. Konfitüre ist undurchsichtig, gut gemachtes Gelee dagegen durchsichtig und kristallklar. Ein weiterer Unterschied besteht darin, dass Gelee nicht ausschließlich als Brotaufstrich verwendet wird, sondern eine traditionelle Beigabe zu gebratenem Fleisch ist. Rotes Johannisbeer- oder Minzegelee passt ausgezeichnet zu Lamm; Cranberry- oder Preiselbeergelee zu Truthahn und Wild; Apfelgelee, das mit Thymian oder Estragon aromatisiert ist, zu Huhn; Gelee aus Mostäpfeln zu Schwein; schwarzes Johannisbeergelee zu Ente; und Vogelbeergelee zu fast allen Braten, einschließlich Wild. Auch die Bratensauce lässt sich mit einem Löffel des passenden Gelees verfeinern.

Gelee kochen

Gelee lässt sich nicht so rasch zubereiten wie Konfitüre, weil zunächst der Saft von den Früchten ablaufen muss, was am besten über Nacht geschieht. Der Saft kann zwar durch ein Mulltuch oder ein Geschirrtuch ablaufen, doch empfiehlt sich die Anschaffung eines preiswerten Saftbeutels mit Ständer. Beides erleichtert die Arbeit erheblich, denn man braucht nicht lange nach einem passenden Haken zu suchen, an dem man den Stoffsack mit den Früchten aufhängt, und die Schüssel zum Auffangen des Safts nicht lange hin und her zu schieben, bis endlich die richtige Position gefunden ist.

Apfelgelee lässt sich besonders einfach zubereiten, geliert problemlos und ist die Grundlage für eine Reihe von Gelees, die mit Kräutern aromatisiert werden, wie etwa mit fein gehackter Minze, die man nach Erreichen des Gelierpunkts unterrührt.

APFELGELEE

1 kg Äpfel

Wasser

Saftbeutel und Ständer

Saubere, trockene, vorgewärmte Marmeladengläser

Runde Stücke Klarsichtfolie

Untertasse, im Gefriergerät gekühlt (für die Gelierprobe)

Die Äpfel waschen und in grobe Stücke schneiden; dabei alle Druck- und Faulstellen herausschneiden, die Äpfel aber nicht schälen und auch das Kerngehäuse nicht entfernen. Die Apfelstücke in einem großen Topf knapp mit kaltem Wasser bedecken. Zum Kochen bringen, die Temperatur herunterschalten und die Äpfel weich kochen. Das Ganze in einen Saftbeutel füllen und den Saft – am besten über Nacht – ablaufen lassen. Keinen Saft mit den Händen aus dem Fruchtfleisch herauspressen, da das Gelee sonst trüb wird. Den Saft abmessen und in einen schweren Topf gießen. Pro 600 ml Saft 450 g angewärmten Gelierzucker hinzufügen. Langsam erhitzen, bis sich der Zucker gelöst hat. Dann die Temperatur heraufschalten und das Gelee 4 Minuten sprudelnd kochen lassen. Die Gelierprobe machen (siehe Seite 87). In vorgewärmte, saubere, trockene Marmeladengläser füllen. Passend geschnittene Klarsichtfolie darauf legen und die Gläser verschließen.

Pickles

In der Vergangenheit, als die meisten Familien montags die Reste vom Sonntagsbraten aßen, waren selbst zubereitete Pickles eine beliebte Beilage zu kaltem Fleisch. Heutzutage isst kaum noch jemand Reste, und schon gar nicht mit selbst gemachten Pickles. Dabei lassen sich Pickles einfach zubereiten und schmecken weitaus besser als die meisten industriell hergestellten Produkte.

Pickles bestehen gewöhnlich aus Gemüse oder Obst, das in gewürztem Essig oder Salzlake eingelegt wird. Es gibt zwei Arten von Pickles: solche, bei denen das Obst oder das Gemüse in der entsprechenden Flüssigkeit gegart wird, und solche, bei denen die heiße Flüssigkeit in sterilisierten Gläsern über die ungegarten Zutaten, wie etwa Zwiebeln, gegossen wird, mit dem Ergebnis, dass die eingelegten Zutaten schön knackig bleiben.

Knackige eingelegte Zwiebeln

675 g frische Perlzwiebeln oder Schalotten
Lorbeerblätter
600 ml Malzessig
175 g brauner Zucker
50 g Meersalz
2 TL Einmachgewürz

Die Zwiebeln oder Schalotten in einer großen Schüssel mit kochendem Wasser übergießen, um die Schalen zu lösen. Die Zwiebeln schälen und in vorgewärmte, absolut saubere 500-g-Gläser füllen. In jedes Glas ein Lorbeerblatt stecken. Essig, Zucker, Salz und Einmachgewürz zum Kochen bringen und dabei rühren, bis sich der Zucker aufgelöst hat. Die heiße Flüssigkeit über die Zwiebeln gießen und die Gläser sofort verschließen. Die Zwiebeln bis zum Verzehr zwei Wochen durchziehen lassen.

Wichtiger Hinweis

Essigsud für Pickles darf nicht in Aluminiumtöpfen gekocht werden, da das Aluminium mit dem Essig reagieren kann. Darüber hinaus sollte man für Pickles stets Einmachgläser mit weiter Öffnung und Glasdeckel verwenden, damit die Flüssigkeit nicht in Kontakt mit Metallen kommt, was zu einer schädlichen Korrosion führen könnte.

Birnen-Pickle

Wenn Sie sich schon einmal gefragt haben, was sich aus steinharten Birnen machen lässt, dann könnte dieses Rezept die Antwort sein. Mit ihrem süßsauren Geschmack sind diese eingelegten Birnen die perfekte Beilage zu dicken Scheiben Landschinken und Kartoffelpüree.

1 kg harte Birnen
Saft von 2 Zitronen
675 g Demerara-Zucker (brauner Rohrzucker)
1 l Apfelessig
250 ml Wasser
3 Stangen Zimt
3 ganze Kapseln Sternanis
1 TL ganze schwarze Pfefferkörner
1 TL Pimentkörner

Die Birnen schälen und im Zitronensaft wenden, damit sie sich nicht braun verfärben. Die übrigen Zutaten in einen großen Topf füllen, die Birnen hinzufügen und alles zum Kochen bringen. Die Hitze reduzieren und die Birnen 30–45 Minuten köcheln lassen, bis sie gar, aber nicht weich sind. Die Birnen mit dem Sud in vorgewärmte, absolut saubere Gläser füllen und die Gläser sofort verschließen.

Einkochen

Bis zur Erfindung von Tiefkühlgeräten war das Einkochen (Sterilisieren) die verbreitetste Methode, um Nahrungsmittel für den Winter haltbar zu machen. Mit Hilfe dieses Verfahrens lässt sich eine Obst- oder Tomatenschwemme in etwas weitaus Besseres verwandeln, als man es zu kaufen bekommt.

Einkochgläser bestehen alle aus robustem, hitzebeständigem Glas und besitzen eine weite Öffnung. Einige haben einen Glasdeckel, einen Gummiring und Metallklammern, die den Deckel während des Einkochens an seinem Platz halten, andere einen zweiteiligen Deckel, der aus einer flachen Metallscheibe und einem Schraubrand besteht. Der Gummiring beziehungsweise die Metallscheibe sollte bei jedem Einkochen erneuert werden, damit die Gläser sicher und fest verschlossen sind. Zum Einkochen wird Obst oder Gemüse zusammen mit Zuckerlösung, Essigsud, Salzlake oder dem eigenen Saft in die Gläser gefüllt. Anschließend werden die Gläser mit dem Inhalt im Wasserbad oder im Backofen sterilisiert.

Sterilisieren im Wasserbad

Einen Holzrost oder ein zusammengefaltetes Tuch auf den Boden eines großen Topfes mit passendem Deckel legen (oder einen Spezialtopf mit gelochtem Einsatz verwenden). Die verschlossenen, gleich großen Gläser hineinstellen und mit Tüchern umlegen, damit sie sich nicht berühren. Den Topf mit kaltem oder lauwarmem Wasser bis zu der Höhe füllen, wo die Flüssigkeit in den Gläsern steht. Zum Kochen bringen und 40 Minuten köcheln lassen. Abkühlen lassen, die Gläser herausnehmen und auf eine trockene Unterlage stellen. Zugedeckt über Nacht stehen lassen – beim Abkühlen entsteht im Inneren der Gläser ein Vakuum. Am nächsten Tag überprüfen, ob die Gläser auch fest verschlossen sind. Dazu die Metallklammern entfernen und jedes Glas vorsichtig am Deckel anheben. Löst sich ein Deckel, den Inhalt des Glases innerhalb einiger Tage verzehren.

Sterilisieren im Backofen

Die Fettpfanne des Backofens mit einer dicken Lage Zeitungspapier auslegen. Die gleich großen Gläser mit den nur aufgelegten Deckeln darauf stellen und bei niedriger Temperatur (120 °C) in den Backofen schieben. Nach 45 Minuten nachsehen, ob die Flüssigkeit in den Gläsern siedet (Bläschen steigen auf). Ist dies der Fall, die Gläser aus dem Ofen nehmen und sofort fest verschließen. Köchelt das Wasser noch nicht, die Gläser weitere 5 Minuten erhitzen und erneut nachschauen, ob das Wasser siedet. Am nächsten Tag, wenn die Gläser vollständig abgekühlt sind, kontrollieren, ob sie alle fest verschlossen sind (siehe linke Seite).

IM OFEN EINGEKOCHTE TOMATEN

Reife Tomaten

Knoblauch

Frische Basilikumblätter

Ganze schwarze Pfefferkörner

Meersalz

Die Tomaten enthäuten und dicht in saubere, trockene Einmachgläser füllen. Den geschälten Knoblauch und Basilikumblätter sowie einige Pfefferkörner und Meersalz mit in die Gläser geben. Die Gläser nicht bis zum Rand füllen, damit sich oben das Vakuum bilden kann. Den Rand der Gläser sorgfältig abwischen und die Deckel lose auflegen. Weiterverfahren, wie oben zum Sterilisieren im Backofen beschrieben.

Es bedarf weder einer Obst- oder Gemüseschwemme noch eines eigenen Gartens, um Nahrungsmittel einzukochen. Gekaufte Oliven bekommen zusätzlichen Pep, wenn man die ursprüngliche Lake durch eine selbst gemachte Flüssigkeit ersetzt, die mit Chillies und anderen Gewürzen aromatisiert ist. In Viertel geschnittene Zitronen, die dicht in Einmachgläser gefüllt und lagenweise mit Meersalz, Lorbeerblättern und Zimtstangen eingeschichtet werden, verwandeln sich in *gesalzene Zitronen,* wie sie in der marokkanischen Küche Verwendung finden. Nach 3–4 Wochen macht die Flüssigkeit die Zitrusschale weich und konserviert sie. Stets daran denken, nur absolut saubere Einmachgläser zu verwenden.

Öle und Essige

Die Wertschätzung und Verwendung von Ölen und Essigen haben sich in den vergangenen 30 Jahren grundlegend verändert. Vor dieser Zeit kaufte man beispielsweise Olivenöl häufig noch beim Apotheker oder Drogisten zur Behandlung von Ohrenschmerzen. Mit dem Aufkommen von Supermärkten und der Globalisierung von Nahrungsmitteln ist die Nachfrage nach besten kaltgepressten Olivenölen ebenso groß wie nach erstklassigen Weinen, und der ehemals rare Balsamessig wird für vieles verwendet, vom Raukesalat bis hin zu Erdbeeren.

Öle

Feine Öle sollten ihr Dasein nicht in der hintersten Schrankecke fristen und nur zu besonderen Gelegenheiten hervorgeholt werden. Kaltgepresste Öle (um die es sich dabei handelt) haben eine begrenzte Haltbarkeit und sind sechs Wochen bis zwei Monate nach der Pressung am besten, da der anfänglich säuerliche Geschmack dann milder geworden, gleichzeitig aber noch das volle Aroma vorhanden ist. Während der folgenden Monate wird das Öl immer milder, es sollte bis zur nächsten Ernte verbraucht sein. Verwenden Sie Ihr bestes Oli-

venöl kalt für Salate, über Röstgemüse geträufelt oder unter frisch gekochte Spaghetti gemischt. Gutes Olivenöl sollte an einem kühlen, dunklen Platz (nicht jedoch im Kühlschrank) aufbewahrt werden. Gleiches gilt für alle anderen kaltgepressten Öle – insbesondere Nussöle und Sesamöl werden schnell ranzig, sodass man stets das Mindesthaltbarkeitsdatum im Auge behalten sollte. Gewöhnliche hitzebeständige Pflanzenöle zum Kochen sind verhältnismäßig lange haltbar.

In der Weihnachtszeit sind die Regale in vielen Geschäften voll von dekorativen Flaschen mit Ölen, die mit Kräutern, Knoblauch und Gewürzen aromatisiert sind. Sie sehen zweifellos hübsch aus, aber sie enthalten oftmals minderwertiges Öl und minderwertige Aromazutaten. Man kann solche Öle problemlos selbst herstellen.

Würziges Pizzaöl

Dieses Öl ist genau das Richtige für alle, die ihrer Pizza Pep geben wollen. Man träufelt es unmittelbar vor dem Verzehr auf die heiße Pizza.

2 kleine frische grüne Chilischoten
3 Knoblauchzehen
4 kleine frische rote Chilischoten
Ein kleines Bund Thymian
1 EL schwarze Pfefferkörner
500 ml natives Olivenöl extra

Die grünen Chillies in dünne Ringe, den Knoblauch schälen und in Stifte schneiden. Grüne Chillies, Knoblauch und alle übrigen Zutaten in eine saubere Flasche füllen, mit einem sauberen, trockenen Korken verschließen und 10–14 Tage stehen lassen; von Zeit zu Zeit schütteln, damit sich die Aromen verbinden. Die Aromazutaten absieben und das Öl in einer sauberen, trockenen Flasche an einem kühlen Platz aufbewahren.

Essige

Essig hat eine ähnliche Renaissance erlebt wie Öl; Weinessig wird heute gern und häufig verwendet, und Apfelessig wird geschätzt, weil er kräftiger als Weinessig, aber nicht so hart wie etwa Malzessig ist. Als natürliches Konservierungsmittel ist Essig weniger empfindlich als Öl und erfordert keine speziellen Lagerbedingungen. Balsamessig und Sherryessig verleihen Dressings und Saucen einen süßsauren Geschmack, sollten aber sparsam verwendet werden, da sie sonst allzu dominant sind. Aromatisierter Essig lässt sich ganz einfach selbst zubereiten, aber wie bei Ölen sollten die Aromazutaten nach dem Durchziehen entfernt werden.

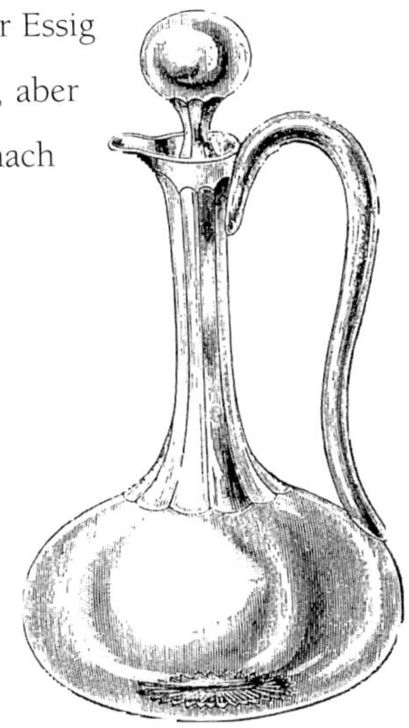

Estragonessig

600 ml Weißweinessig
6 EL gehackter frischer Estragon
1 TL schwarze Pfefferkörner

Den Essig aufkochen und über den Estragon und die Pfefferkörner gießen. Zudecken und 3 Tage durchziehen lassen. Den Essig durch ein Sieb abseihen, in eine saubere, trockene Flasche gießen und die Flasche mit einem sauberen Korken verschließen.

Kräuter und Gewürze

Seit eh und je werden Kräuter und Gewürze zum Aromatisieren von Speisen verwendet. In der Vergangenheit, als Nahrungsmittel oftmals nicht eben frisch waren, setzte man Kräuter und Gewürze ein,

um unangenehme Geschmacksnoten zu überdecken sowie aufgrund ihrer medizinischen Eigenschaften als eine Art Schutz. Die meisten Kräuter wurden durch die Klöster eingeführt, wo medizinische Kräutergärten ursprünglich nur zur Herstellung von Heilmitteln angelegt wurden. Erst nach und nach lernte man die Qualitäten der Kräuter als Würzmittel schätzen, und die Menschen begannen, Kräuter in ihren eigenen Küchengärten zu ziehen. Gewürze kamen aus dem Fernen Osten ins Land und waren ein so kostbares Gut, dass die Hausherrin sie unter Verschluss hielt und nur genau kontrollierte Mengen davon herausgab.

Kräuter ernten und trocknen

Frische Kräuter gibt es heute das ganze Jahr hindurch, geschnitten und verbrauchsfertig oder in Töpfen, die man in der Küche auf die Fensterbank stellen kann, aber viele von uns ziehen auch weiterhin gerne selbst Kräuter. Geerntet werden sie am besten vormittags bei sonnigem Wetter, nachdem der Tau verdunstet ist und bevor die heiße Mittagszeit einsetzt; dann sind sie trocken, und die ätherischen Öle erreichen ihre höchste Konzentration. In der Frühe sind die Kräuter noch feucht, und später am Tag verdunsten die Öle in die Luft. Nach dem Abernten wickelt man die Kräuter in Spitztüten aus Zeitungspapier und hängt sie zum Trocknen umgedreht an einen luftigen Platz. Sobald sie vollständig getrocknet sind, entfernt man das Papier und bewahrt die Kräuter in Glasgefäßen an einem kühlen, dunklen Platz auf.

Die Haltbarkeit von Kräutern

Getrocknete Kräuter halten sich etwa ein Jahr. Es empfiehlt sich jedoch, alljährlich die Reste der Vorjahresernte wegzuwerfen und sie durch neue getrocknete Kräuter zu ersetzen, damit man ihr volles Aroma genießen kann.

Gewürze

Gewürze bewahrt man am besten im Ganzen auf, denn gemahlene Gewürze verlieren mit der Zeit ihr Aroma und ihren Geschmack. Wie bei Kräutern ist ein kühler Platz ohne direkten Lichteinfall der richtige Aufbewahrungsort. Um das volle Aroma von Gewürzen zu genießen, verwendet man sie frisch gemahlen – eine elektrische Kaffeemühle ist zu diesem Zweck ideal geeignet. Beim Mahlen verschiedener Gewürze muss die Mühle zwischendurch gesäubert werden, was durch das Mahlen von grobem Salz erfolgt. Das Salz nimmt alle Gewürzreste auf, und die Mühle wird makellos sauber.

Links: Schneiden Sie selbst gezogene Kräuter regelmäßig während ihrer gesamten Wachstumsphase, damit Sie auf eine reiche Ernte zurückgreifen können und die Pflanzen immer neue Triebe ausbilden.

Rechte Seite: Ganze Gewürze wie Nelken oder Zimtstangen kann man beim Kochen in kleine Mullsäckchen binden, damit sie sich mühelos aus Eintöpfen oder Ragouts wieder herausnehmen lassen.

Wein

Wein ist heute zu einem ganz alltäglichen Getränk geworden. Die meisten von uns trinken regelmäßig ein Glas Wein zum Abendessen, er ist also nicht mehr nur besonderen Gelegenheiten oder Mahlzeiten vorbehalten. Die Auswahl an Wein wird im Allgemeinen von persönlichen Geschmacksvorlieben bestimmt und selbstverständlich vom Preis. Es herrscht ein großes Maß an Snobismus und Geheimnistuerei um den Wein, doch da sein Genuss weitgehend eine subjektive Angelegenheit ist, vertraut man am besten dem eigenen Geschmack und trifft seine Auswahl entsprechend. Wer unsicher ist, kann auch den Empfehlungen von Experten folgen. Lesen Sie die Bewertungen von Kolumnisten, notieren Sie sich die von ihnen empfohlenen Weine – kaufen Sie den Wein, verkosten ihn, und prüfen Sie, ob Sie die Meinung der Fachleute teilen. Ist dies der Fall, können Sie künftigen Empfehlungen ebenfalls folgen. Denken Sie daran, dass ein gut gewählter, preiswerter Wein oftmals besser mundet als ein teurer Wein eines schlechten Jahrgangs, der zwar Lebensart verkörpert, aber ohne Substanz ist.

Besonders informativ ist die Teilnahme an einem Weinseminar, bei dem Fachleute die charakteristischen Merkmale verschiedener Weine erläutern. Man lernt dort, Weine zu unterscheiden und zu beurteilen, was darüber hinaus auch Spaß macht!

Alle Weine, die man länger als etwa eine Woche aufbewahren möchte, sollten liegend an einem dunklen und kühlen (aber nicht kalten) Platz gelagert werden.

Wein lagern

Wenn man den Wein dann zu Hause hat, ist es wichtig, ihn gut zu behandeln, damit er seinen besten Geschmack entfaltet. Alle Weine, Rot-, Weiß- sowie Roséweine, sollten liegend an einem kühlen, dunklen Platz gelagert werden, wenn sie nicht innerhalb einer Woche getrunken werden. In Weinregalen in der Küche liegt Wein gewöhnlich viel zu warm, um in gutem Zustand zu bleiben.

Damit Rotwein sein volles Bukett und Aroma entwickeln kann, sollte man ihn wenigstens vier Stunden vor dem Servieren in einen warmen Raum stellen und entkorken. Eine rasche Erwärmung – zum Beispiel, indem man die Flasche in die Nähe des Heizkörpers oder Küchenherdes stellt – ist nicht empfehlenswert.

Weißwein muss vor dem Servieren eine Stunde kalt gestellt werden; mit Hilfe von Eiswürfeln oder eines Weinkühlers, der bei Nichtgebrauch im Tiefkühlgerät aufbewahrt wird, kann er auch rascher gekühlt werden. Weißwein verliert an Geschmack und Aroma, wenn er zu kalt ist, er sollte deshalb nicht in das Gefriergerät gelegt werden. Qualitätsweißweine, Sekt und Champagner bewahrt man nicht im Kühlschrank auf, sondern lagert sie wie andere Weine und kühlt sie bei Bedarf entsprechend.

Offene Flaschen

Damit Wein in angebrochenen Flaschen seine gute Qualität behält, kann man einen Gummistopfen nehmen, der zusammen mit einer Pumpe verwendet wird, die die Luft aus der Flasche saugt und das Verderben des Weins verhindert. Spezielle Sektflaschen-Verschlüsse greifen um den Flaschenhals und sorgen dafür, dass die Kohlensäure nicht entweicht. Über Nacht kann man eine angebrochene Sektflasche auch ohne diesen Spezialverschluss in den Kühlschrank stellen, ohne dass der Inhalt schal wird.

Limonade, Fruchtsirup, Ratafia

In den Zeiten, als es noch keine Supermärkte mit Regalen voller Limonaden, Säfte und Mineralwasser gab, verwendeten Familien selbst gemachte Limonaden und Fruchtsirups als Alltagsgetränke. Beliebte Rezepte wurden von Generation zu Generation weitergegeben, und die ganze Familie machte sich auf, um die Früchte oder Blüten zu sammeln, die die wesentlichen Zutaten darstellten.

Limonade und Fruchtsirup herstellen

Nur in wenigen Familien werden heute noch frische Limonaden für heiße Sommertage selbst zubereitet oder Holunderblüten für einen köstlichen Fruchtsirup aus dem Garten geholt. Es liegen Welten zwischen dem Geschmack dieser Getränke und industriell hergestellten Produkten, wie wir sie heute kennen. Die folgenden Rezepte für Zitronenlimonade und Holunderblütensirup sind einfach in der Herstellung, preiswert und ausgesprochen köstlich, und es besteht keine Gefahr, dass der Inhalt in den Flaschen gärt und die Flasche explodiert.

ZITRONENLIMONADE

Diese Limonade ist ein herrliches, durstlöschendes Getränk und wird am besten am Abend, bevor man es trinken möchte, zubereitet.

4 unbehandelte Zitronen
50 g Zucker
1,5 l kochendes Wasser

Die Zitronen gründlich waschen und sehr dünn schälen. Die Zitronenschale und den Zucker in einen großen Krug füllen und das kochende Wasser aufgießen. Abkühlen lassen und durch ein Sieb gießen. Die Zitronen auspressen und den Saft hinzufügen. Gekühlt servieren.

HOLUNDERBLÜTENSIRUP

1,5 kg Zucker

1,5 l kochendes Wasser

50 g Zitronensäure

25 Holunderblütendolden, gewaschen und trockengeschüttelt

2 unbehandelte Zitronen, in Scheiben geschnitten

Den Zucker im kochenden Wasser auflösen und die Flüssigkeit abkühlen lassen. Die Zitronensäure, die Holunderblüten und die Zitronenscheiben hinzufügen. Zudecken und 3 Tage durchziehen lassen; zwischendurch von Zeit zu Zeit umrühren. Durch ein Sieb gießen und in absolut saubere Flaschen füllen. Die Flaschen verschließen. An einem kühlen Platz hält sich der Sirup unbegrenzt. Zum Servieren nach Geschmack mit stillem oder kohlensäurehaltigem Mineralwasser verdünnen.

Ratafia

Unter Ratafias versteht man alkoholhaltige, süße Fruchtliköre aus Beerenobst, die man nach dem Essen trinken oder auch verschenken kann. Ratafias lassen sich mit allen Beerenfrüchten herstellen, etwa mit Himbeeren, Erdbeeren oder Brombeeren, doch sollte man der Versuchung widerstehen, verschiedene Beerensorten zu mischen, da der Fruchtlikör sonst eher an eine Fruchtspeise erinnert!

RATAFIA ZUBEREITEN

Ratafias werden nach Volumen und nicht nach Gewicht zubereitet: Die Früchte in ein sauberes Glas mit weiter Öffnung und Deckel füllen. Bis zu einem Drittel der Glashöhe Zucker und dann bis zum Rand Wodka einfüllen. Das Glas verschließen und schütteln, damit sich der Zucker leichter löst. Zwei Monate an einen kühlen, dunklen Platz stellen und das Glas während dieser Zeit gelegentlich schütteln. Das Ganze durch ein Sieb gießen (die Früchte sind köstlich, aber hochprozentig) und den Likör in saubere, trockene Flaschen abfüllen. Er hält sich unbegrenzt.

Kampf dem Ungeziefer

Fliegen

Fliegen sind vor allem lästig. Selbst eine einzige Fliege, die permanent an der Fensterscheibe brummt oder sich ständig auf einem niederlässt, kann einen schier zum Wahnsinn treiben. Fliegen mögen keine stark riechenden Kräuter, sodass es Sinn macht, solche Kräuter unterhalb von Fenstern anzupflanzen oder sie in Töpfen auf die Fensterbank zu stellen. Nach einem alten Glauben verabscheuen Fliegen die Farbe Blau – traditionell sind Ställe in Holland innen blau gestrichen –, und so lohnt es vielleicht den Versuch, mit dieser Farbe zu experimentieren, wenn Fliegen ständig ein Problem sind. Praktisch sind im Übrigen die altmodischen Fliegenfänger, die zwar nicht schön aussehen, aber bestens wirken und keine potentiellen Gesundheitsrisiken in sich bergen wie chemische Fliegensprays.

Teppichkäfer

Teppichkäfer lieben Schmutz und dunkle Ecken. Der beste Schutz vor einem Befall ist es, gründlich und regelmäßig Staub zu saugen und dabei entsprechende Vorsatzdüsen zu verwenden, um auch bis zu den Fußleisten und unter Möbelstücke zu gelangen. Die am Hinterleib behaarten Larven, das Frühstadium der Insekten, sind überaus aktiv und fressen großflächig Löcher in Teppiche und Wolltextilien.

Mehlmotten

Sie befallen trockene Nahrungsmittel wie Frühstückszerealien, Getreide, Hülsenfrüchte, Nüsse und Nudeln. Haben sie sich erst einmal in der Küche eingenistet, ist es zumeist schwer, sie wieder loszuwerden, da sie sich schnell durch geöffnete Packungen ausbreiten und sogar ihren Weg in Gläser mit Schraubdeckelverschlüssen

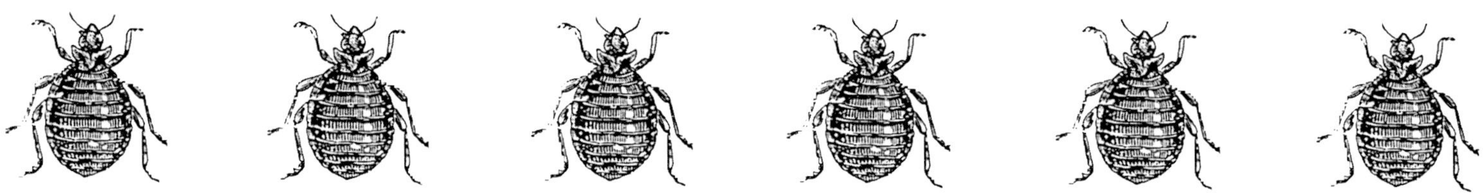

finden. Die einzige Lösung: Werfen Sie alle getrockneten Nahrungsmittel, Kräuter, Nüsse, Mehl und Trockenfrüchte in geöffneten oder nicht einwandfreien Packungen weg. Wischen Sie die Küchenschränke feucht aus, und achten Sie in Zukunft darauf, alle Packungen auszuleeren und in Gläsern oder Dosen mit fest schließenden Deckeln aufzubewahren.

Flöhe

Wenn Sie Haustiere besitzen, ist ein gelegentlicher Flohbefall nicht ungewöhnlich. Am häufigsten tritt er im Herbst auf, wenn die Zentralheizung wieder eingeschaltet wird und die Flöhe sich auf die Teppiche setzen und an jeden vorbeikommenden Knöchel springen. Wenn Sie Ihre Haustiere regelmäßig mit einem vom Tierarzt empfohlenen Flohschutzmittel behandeln, sollte es nicht zu Problemen kommen. Haben sich Flöhe im Haus eingenistet, kann man einem kleineren Befall mit einem leistungsstarken Staubsauger Herr werden; gelingt dies nicht, muss man einen Kammerjäger holen.

Wespen

Versuchen Sie niemals, selbst ein Wespennest zu entfernen. Rufen Sie die Feuerwehr zu Hilfe, die das Problem beseitigt, ohne dass Ihre Familie oder Sie selbst gefährdet werden.

Kopfläuse

Sie sind bei Kindergarten- und Schulkindern wieder häufiger verbreitet und verursachen starkes Kopfjucken. Da die meisten chemischen Mittel mittlerweile in Verruf geraten sind, empfiehlt es sich, die Haare mit einem Spezialshampoo zu waschen und täglich mit einem Nissenkamm durchzukämmen. Es ist wichtig, sowohl die Larven als auch die Nissen zu beseitigen, um die Läuse auszumerzen.

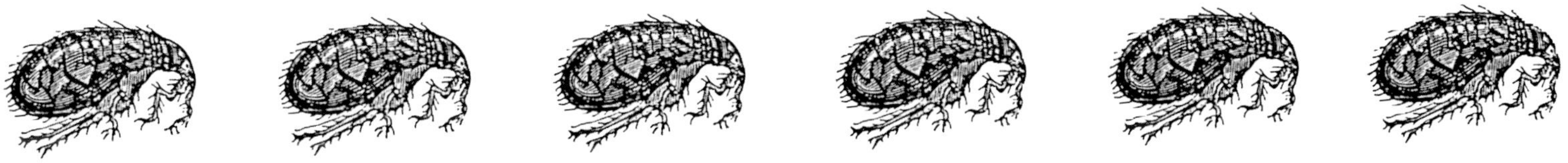

Haustiere

Theoretisch sollen Kinder durch Haustiere lernen, Verantwortung zu übernehmen, aber die Realität scheint eher zu zeigen, wie schnell Kinder lernen, der Verantwortung aus dem Weg zu gehen! Bedenken Sie dies, wenn Sie ein Haustier anschaffen wollen: Fangen Sie klein an, etwa mit einem kurzlebigen Nagetier oder Goldfischen, die im Gartenteich ausgesetzt werden können. Entscheiden Sie sich nur dann für ein größeres Tier, wenn die Kinder sich den damit verbundenen Aufgaben gewachsen zeigen oder wenn Sie bereit sind, selbst die gesamte Pflege zu übernehmen. Ein Haustier soll schließlich ein geliebtes Mitglied der Familie sein und nicht der Grund für endlose Diskussionen.

Nagetiere

Ratten, Hamster und Rennmäuse eignen sich gut als erstes Haustier für Kinder. Keines dieser Tiere lebt länger als zwei Jahre, und alle sind völlig unproblematisch zu halten. Eine gute Tierhandlung wird Ihnen das richtige Zubehör verkaufen und erklären, wie die Tiere gefüttert werden müssen. Die Kinder sollten sich jeden Tag mit dem Tier beschäftigen, da es sonst weniger zutraulich ist und die Kinder schnell das Interesse daran verlieren. Wenn sie das Tier angefasst haben, sollten sie sich immer gründlich die Hände waschen.

Kaninchen

Eltern entscheiden sich oftmals für ein Kaninchen als Kompromisslösung, wenn ein Kind eigentlich einen Hund oder eine Katze möchte. Am ehesten funktioniert das mit einem Hauskaninchen, das in der Wohnung gehalten werden kann. Hauskaninchen sind gesellige und unterhaltsame Gefährten und können erfolgreich zur Stubenreinheit erzogen werden. Regelmäßiges Bürsten des Fells und ein häufiger Umgang mit den Tieren verhindern, dass sie schlechte Angewohnheiten ausbilden wie Beißen und Kratzen. Leider haben Kaninchen die Neigung, an Kabeln herumzukauen. Kaninchen dürfen niemals an den Ohren hoch genommen werden.

Goldfische

Ein Goldfischglas kann allenfalls ein vorübergehender Aufenthaltsort für Goldfische sein – als ständiges Zuhause ist es zu klein. Kaufen Sie Goldfische in einer guten Zoohandlung, und erkundigen Sie sich dort nach der erforderlichen Aquariengröße, Pflanzen, Pumpe usw. Man wird Ihnen alles mögliche Zubehör verkaufen wollen, aber nehmen Sie für den Anfang lediglich das Notwendigste, da Ihre beiden Fischchen sonst zu einer Investition größeren Stils werden können. Überfütterung ist die Hauptursache von Problemen mit Goldfischen, das Wasser wird trübe und faulig, die Fische können sogar eingehen. Säubern Sie das Aquarium einmal im Monat; die Fische werden dazu in einen anderen Behälter mit etwas Wasser aus dem Aquarium umgesetzt. Das Wasser im frisch gefüllten Aquarium sollte Raumtemperatur erreicht haben, bevor die Fische wieder hineinkommen. Chlorhaltiges Leitungswasser muss neutralisiert werden.

Katzen

Katzen und Hunde sind die beliebtesten Haustiere, doch lassen sich Katzen auch in Wohnsituationen halten, die für Hunde ungeeignet wären. Dennoch führt eine Katze, die niemals die Freiheit draußen erfährt, nicht das Leben, das ihr eigentlich zugedacht ist. Mit ihrem unabhängigen Wesen sind Katzen die idealen Haustiere für Berufstätige. Eine Katzenklappe erlaubt es ihnen, nach Belieben ins Freie und wieder zurück ins Haus zu gehen. Mit etwas Glück werden Sie von Ihrer Katze bei der Heimkehr freudig begrüßt – insbesondere, wenn Ihre Ankunft das Signal für eine Mahlzeit ist. Sie binden sich zwar zumeist nicht so eng an den Menschen wie Hunde, sind aber recht anhänglich und verschmust.

Hunde

Hunde sind liebe, treue Gefährten, aber sie können auch unangenehm riechen, schmutzig und laut sein und brauchen jeden Tag – durchschnittlich zehn Jahre lang – ausreichend Auslauf. Dies ist eine ziemlich große Verpflichtung und sollte nicht unterschätzt werden. Eine gute Erziehung und regelmäßiger Auslauf tragen dazu bei, dass Ihr Hund gesund, glücklich und umgänglich ist. Ein Hund muss seinen eigenen Schlafplatz haben, wo er sich ausruhen und zurückziehen kann – ein Refugium also, das von allen Familienmitgliedern respektiert wird. Traditionelle Hundekörbe sind auch heute noch recht beliebt. Moderne Hundekissen sind eine bequeme, haltbare und hygienische Alternative. Für welche Art von Schlafplatz Sie sich auch entscheiden, die Auflagen oder Kissen müssen regelmäßig gewaschen werden, damit diese und der Hund nicht unangenehm riechen.

Hunde- und Katzenpflege

Regelmäßiges Bürsten sorgt bei Hunden für ein schönes Fell. Riecht der Hund sehr stark, sollte er von Zeit zu Zeit gebadet werden. Auch langhaarige Katzen sollte man häufig bürsten, da es bei mangelnder Fellpflege zu schweren Hautentzündungen kommen kann. Damit Katzen und Hunde gesund bleiben, müssen sie jährlich entwurmt und regelmäßig mit Flohschutzmitteln behandelt werden. Bei Erkrankungen der Tiere ist unverzüglich ein Tierarzt aufzusuchen.

WÄSCHE-PFLEGE

Flecken entfernen

In jeder Waschküche sollte sich eine Grundausstattung zum Entfernen von Flecken befinden, die bei Bedarf sofort zum Einsatz kommen kann. Je schneller ein Fleck behandelt wird, desto größer ist die Chance, dass er sich erfolgreich beseitigen lässt; es ist daher sinnvoll, die notwendigen Utensilien immer griffbereit zu haben. Damit ein Fleck nicht noch größer wird, beim Entfernen stets von außen zur Mitte hin arbeiten.

GRUNDAUSSTATTUNG ZUM FLECKENENTFERNEN

Eine Rolle weißes Küchenpapier
Saubere, weiche weiße Tücher
Nagelbürste
Spatel
Bleichmittel
Ammoniak (Salmiakgeist)
Entfärber
Einweichmittel
Biologisches Waschmittel
Handelsüblicher Fettlöser
Salz
Glyzerinlösung (gleiche Teile Glyzerin und Wasser)
Nagellackentferner (nicht ölhaltig)
Denaturierter Spiritus
Spezielle Fleckentferner (etwa für Kugelschreiber oder Filzstift)
Eukalyptusöl
Testbenzin
Weißer Essig

Einen Fleck behandeln

Wie man einen Fleck behandelt, hängt von seiner Ursache ab. Lebensmittel- und Getränkeflecken lassen sich oftmals durch Einweichen entfernen, während für Tinte und Kosmetika geeignete Fleckköser erforderlich sind. Vor der Verwendung von Bleichmitteln oder speziellen Fleckentfernern sollte man stets auf die Pflegehinweise in den Textilien schauen und das Mittel im Zweifelsfall zunächst an einer verdeckten Stelle testen. Wolle und Seide dürfen nicht eingeweicht werden; stattdessen mit einem Schwamm und einer Lösung aus Wasser und Glyzerin zu gleichen Teilen die Stelle abtupfen. Kostbare Textilien und edle Stoffe bringt man am besten in eine chemische Reinigung – Versuche, Flecken selbst zu entfernen, richten häufig einen größeren Schaden an als der ursprüngliche Fleck.

BLUT: Zunächst in kaltem Salzwasser, dann in biologischem Waschmittel einweichen und anschließend waschen.

CURRY: Curry hinterlässt besonders hartnäckige Flecken, und nicht waschbare Textilien müssen deshalb von einem Fachbetrieb gereinigt werden. Waschbare Textilien in warmem Wasser einweichen und das Wasser, wenn nötig, erneuern. Das Wäschestück ausdrücken. Den Fleck mit einer Mischung aus gleichen Teilen Glyzerin und Wasser behandeln und eine Stunde weichen lassen. Ausspülen, die Behandlung nötigenfalls wiederholen und das Wäschestück dann mit biologischem Waschmittel waschen.

EI: Flecken von rohem Ei in biologischem Waschmittel, solche von gekochtem Ei in Salzwasser einweichen, ausspülen, in klarem Wasser einweichen und anschließend waschen.

EISCREME: In biologischem Waschmittel einweichen und bei der höchstmöglichen Temperatur, die das Wäschestück verträgt, waschen.

Es gibt keine Standardregel für die Fleckentfernung – jeder Fleck hat eine andere Ursache, und jede Stoffart verlangt eine andere Vorgehensweise. Die falsche Behandlung kann dazu führen, dass der Fleck sich gar nicht mehr entfernen lässt. Wer es aber richtig macht, kann sich über ein Wäschestück »wie neu« freuen.

FARBE:

Acryllack: Überschüssige Farbe mit Küchenpapier entfernen, dann in warmem Seifenwasser waschen.

Kalk- und Leimfarbe: In kaltem Wasser ausspülen, dann wie gewohnt waschen.

Glanzlack: Überschüssige Farbe abkratzen, mit Testbenzin betupfen und dann wie gewohnt waschen.

Plakatfarbe: In kaltem Wasser einweichen und wie gewohnt waschen.

FETT (SCHMIERE) UND ÖL: Bei empfindlichen Textilien und Wolle vor dem Waschen den Fleck mit Eukalyptusöl betupfen. Andere Wäschestücke sehr heiß waschen.

FILZSTIFT: Mit Küchenpapier abtupfen und anschließend mit einem handelsüblichen Fleckentferner oder mit in denaturierten Spiritus getauchten Wattebäuschen entfernen. Waschen.

FRUCHTSAFT: Unter fließendem kaltem Wasser ausspülen und anschließend mit biologischem Waschmittel waschen.

GRAS: Mit einem biologischen Waschmittel waschen. Hartnäckige Flecken mit denaturiertem Spiritus betupfen und erneut waschen.

KAFFEE: Mit warmem Wasser ausspülen, dann in biologischem Waschmittel einweichen und anschließend wie gewohnt waschen.

KAUGUMMI: Kleinere Textilien in einer Plastiktüte in das Tiefkühlgerät legen, bis der Kaugummi hart geworden ist und sich ablösen lässt. Bei größeren Textilien einen Plastikbeutel mit Eiswürfeln auf den Kaugummi legen, bis er hart geworden ist. Reste durch Abtupfen mit warmem Wasser beseitigen.

KOSMETIKA: Kosmetika auf Ölbasis wie Grundierung, Lippenstift und Wimperntusche mit in Testbenzin getränkter Watte entfernen und die Textilien anschließend wie gewohnt waschen. Nagellack mit einem Nagellackentferner (nicht ölhaltig) entfernen und anschließend waschen.

KUGELSCHREIBER: Einen handelsüblichen Fleckentferner verwenden oder mit einem in denaturierten Spiritus getauchten Wattebausch entfernen. Anschließend wie gewohnt waschen.

MILCH: In warmem Wasser ausspülen, in biologischem Waschmittel einweichen und anschließend wie gewohnt waschen.

PARFUM: Sofort ausspülen, dann waschen. Eingetrocknete Flecken vor dem Waschen mit einer Glyzerinlösung behandeln.

ROST: Den Fleck mit Zitronensaft beträufeln und mit Salz bestreuen. Eine Stunde einwirken lassen, dann ausspülen und waschen.

SAUCE: In kaltem Wasser ausspülen, dann in biologischem Waschmittel einweichen und anschließend waschen.

SCHIMMEL UND STOCKFLECKEN: Weiße Wäschestücke aus Naturfasern in einem Bleichmittel einweichen. Bei farbigen Textilien den Fleck anfeuchten und mit Seife abreiben. An einem warmen Platz trocknen lassen und anschließend waschen.

SCHOKOLADE: Sorgfältig alle festen Reste abkratzen und dann mit einem biologischen Waschmittel waschen.

SCHUHCREME: Mit Testbenzin betupfen und anschließend waschen.

SCHWEISS: Mit einer Lösung aus 1 TL Ammoniak auf 500 ml Wasser betupfen. Sofort ausspülen, in biologischem Waschmittel einweichen und anschließend wie gewohnt waschen.

TEE: In warmem Wasser ausspülen, in biologischem Waschmittel einweichen. Eingetrocknete Flecken mit Glyzerinlösung behandeln.

TEER: Zusammengefaltetes Küchenpapier auf den Fleck legen und dann von unten mit Eukalyptusöl betupfen. Waschen.

TINTE: Eingetrocknete Tintenflecke in kaltem Wasser einweichen, bei weißer Wäsche ein Bleichmittel verwenden. Nach dem Einweichen wie gewohnt waschen.

VERFÄRBTE TEXTILIEN: Weißwäsche sofort erneut waschen und einen handelsüblichen Entfärber zusetzen. Mitunter hilft ein Einweichen in biologischem Waschmittel und eine Behandlung mit einem Bleichmittel.

WEIN: In warmem Wasser ausspülen, in biologischem Waschmittel einweichen und wie gewohnt waschen.

Gewöhnen Sie sich an, weiße Wäsche grundsätzlich getrennt von Buntwäsche zu waschen, damit sie sich nicht verfärbt. Zusätzlich kann man von Zeit zu Zeit Wäscheweiß mit in die Waschmaschine geben.

Handwäsche

Wir alle waschen heute so wenig Wäsche wie möglich von Hand. Viele Textilhersteller versichern, dass ihre Erzeugnisse, selbst Wollsachen, maschinenwaschbar sind, und Waschmaschinenhersteller produzieren Maschinen mit »Woll-, Schon- und Feinwaschprogrammen«, damit wir die meisten unserer Kleidungs- und Wäschestücke in der Maschine waschen können. Dennoch gibt es einige Textilien, die eine Maschinenwäsche nicht so gut vertragen oder länger schön bleiben, wenn man sie von Hand wäscht. Unterwäsche guter Qualität, speziell Büstenhalter, behalten länger ihre Form und Elastizität, wenn man sie von Hand wäscht, und Wollsachen, vor allem Angora, Mohair und Kaschmir, müssen in der Regel von Hand in kaltem Wasser gewaschen werden. Bestimmte Stoffe, wie etwa Chiffon, Spitze und Seide sowie Wolle, müssen ebenfalls von Hand gewaschen werden. Schauen Sie stets auf die Pflegeanleitung in den Textilien, befolgen Sie die Hinweise.

VERBLASSTES SCHWARZ

Wenn schwarze Textilien verblassen, kann dies daran liegen, dass sich Seifenpulver an den Fasern angelagert hat. Die Farbe lässt sich mitunter auffrischen, wenn man das Wäschestück in warmem Wasser, dem etwas Essig zugesetzt wurde, einweicht.

So wird's gemacht

Im Allgemeinen ist es so, dass Textilien, die am besten von Hand gewaschen werden, ein Einweichen nicht gut vertragen. Benutzen Sie ein mildes Waschmittel, etwa reine Seifenflocken oder eine handelsübliche Flüssigseife, die speziell für die Handwäsche gedacht ist. Lösen Sie das Waschmittel in warmem Wasser, legen Sie das Wäschestück hinein, und drücken Sie es behutsam durch, damit das Seifenwasser die Fasern durchdringt und der Schmutz gelöst wird. Spülen Sie das Wäschestück in warmem Wasser gründlich aus, und wiederholen Sie diesen Vorgang, bis das Wasser klar bleibt. Drücken Sie das Wasser behutsam heraus. Leichte Textilien wie Seide, Chiffon, Batist und Spitze können zum Abtropfen und Trocknen aufgehängt werden. Wollsachen sollte man zwischen zwei sauberen, trockenen Frotteetüchern locker ausdrücken und anschließend mit einem darunter gelegten Handtuch flach auf einem Wäscheständer ausbreiten.

Ein großes Ausgussbecken ist ideal für eine Handwäsche von Textilien. Ist Ihre Spüle zu klein, ist die Badewanne eine gute Alternative.

Bügeln

»Gut aufgehängt ist halb gebügelt« – der erste Schritt, um dies zu erreichen, ist es, zum Aufhängen, soweit möglich, Kleiderbügel zu verwenden. Andere Wäschestücke, die nicht im Wäschetrockner getrocknet werden können, schüttelt man gründlich aus, streicht die Kanten glatt und hängt sie auf. Textilien aus dem Wäschetrockner hängt man sofort auf, damit sich Falten und Knicke aushängen können. Behandelt man seine Wäsche auf diese Weise, braucht man nur noch Stücke aus reiner Baumwolle oder Leinen zu bügeln, wobei selbst diese Materialien heute oftmals über einen Knitterschutz verfügen und kaum noch den Weg in den Bügelkorb finden müssen.

Auf der Leine getrocknete Wäsche riecht herrlich frisch, ist aber zumeist auch steifer und stärker verknittert. Um dies zu verhindern, kann man die Wäschestücke zehn Minuten im Wäschetrockner vortrocknen und im Anschluss daran aufhängen. Sie sind dann erheblich weicher und weniger verknittert.

Im Idealfall sollten das Bügelbrett und das Bügeleisen jederzeit zum Gebrauch bereitstehen. In der Realität haben leider nur wenige von uns dazu genügend Platz; dennoch sollten beide nicht in der hintersten Schrankecke verstaut sein. Erneuern Sie die Bügelbrettabdeckung, sobald sie Sengspuren aufweist – eine wärmereflektierende Oberfläche erleichtert das Bügeln. Auch das Bügeleisen sollte sich stets in einwandfreiem Zustand befinden, eine saubere Sohle und kein ausgefranstes Kabel haben. Zum Entfernen von Belägen oder sonstigen Verschmutzungen kann man die (kalte) Sohle vorsichtig mit sehr feiner Stahlwolle abreiben oder ein handelsübliches Mittel verwenden. Bei Dampfbügeleisen stets das vom Hersteller angegebene Wasser verwenden und bei hartem Wasser regelmäßig entkalken.

Wie man am besten bügelt

Wäschestücke lassen sich am besten bügeln, wenn sie leicht feucht sind. Ist die Wäsche sehr trocken, ein Dampfbügeleisen benutzen oder die Wäsche vorher einsprengen. Bei Hemden und Blusen zuerst die doppelten Stofflagen bügeln – Kragen, Manschetten, Knopf- und Knopflochleisten –, dann die Schultern und die Ärmel und zum Schluss die Hauptteile. Anschließend sofort auf einen Bügel hängen und den obersten Knopf schließen. Beim Bügeln von Wollsachen stets ein feuchtes Tuch darüber legen, damit die Oberfläche keinen Schaden nimmt.

Mit dem richtigen Zubehör ist Bügeln erheblich einfacher – ein verstellbares Bügelbrett, das eine bequeme Arbeitshöhe gestattet, ein gut sitzender Bügelbrettbezug und ein gutes Bügeleisen.

Der Wäscheschrank

Bilder von perfekt gebügelter und zusammengelegter Wäsche, fein säuberlich sortiert und mit Bändern verschnürt – da kann man schon ein schlechtes Gewissen bekommen, wenn man an die mangelnde Ordnung im eigenen Schrank denkt. Ein idealer Wäscheschrank sollte über eine gute Luftzirkulation verfügen. Ist dies nicht der Fall, muss die Wäsche nach dem Bügeln vollkommen trocken sein, ehe sie im Schrank verstaut wird. Reicht ein Schrank für die gesamte Haushaltswäsche nicht aus, ist es sinnvoll, die Wäschestücke in dem Raum aufzuwahren, wo sie gebraucht werden. Für diesen Zweck kann man eine Schublade oder ein Schrankfach vorsehen.

Das Wechseln der Bettwäsche zum Beispiel wird um so vieles einfacher, wenn man in einem Schrank oder Schubfach im Schlafzimmer sofort die richtige Garnitur und die passenden Laken dazu findet. Bei Tischwäsche zahlt sich eine gute Sortierung in jedem Fall aus, vor allem, wenn man einen ausziehbaren Esstisch und dafür Tischdecken in verschiedenen Größen besitzt. Wenn Sie die Tischtücher immer auf die gleiche Weise zusammenlegen, wissen Sie auf einen Blick, um welche Größe es sich handelt. Oder Sie reservieren für jede Größe ein eigenes Fach im Wäscheschrank beziehungsweise in einem Schränkchen im Esszimmer.

Das Bügeln von Bett- und Tischwäsche ist zeitaufwendig, doch gibt es heute auch pflegeleichte Haushaltswäsche aus reiner Baumwolle, die kaum noch knittert und deren Anschaffung sich daher lohnt. Wenn Sie jedoch am liebsten in »reiner Baumwolle« oder »reinem Leinen« schlafen und gestärkte Tischdecken bevorzugen, investieren Sie das Geld, und bringen Sie sie in die Wäscherei, beziehungsweise waschen Sie sie selbst und bringen sie zum Mangeln – es ist ein angemessener Preis für ein großes Vergnügen. Neue Leinen-Haushaltswäsche ist außerordentlich teuer; sucht und kauft man sie jedoch bei einem Antiquitätenhändler, der sich darauf spezialisiert hat, wird sie zu einem erschwinglichen Luxus.

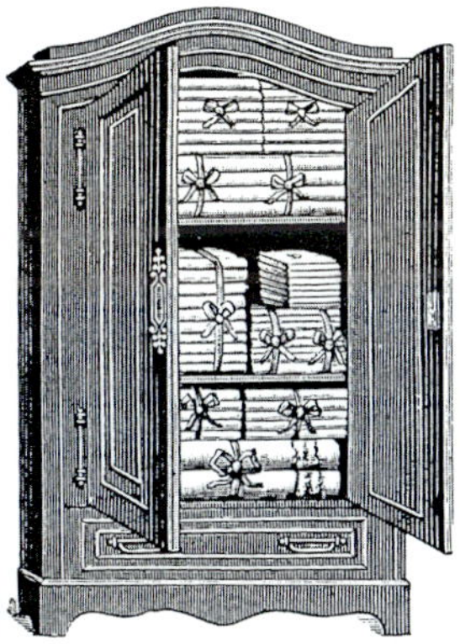

Lavendel

»Lass uns zu diesem Haus gehen, denn die Leintücher sehen weiß aus und riechen nach Lavendel, und ich sehne mich danach, in einem Bett zu liegen, das so riecht.«

DER VOLLKOMMENE ANGLER ODER EINES NACHDENKLICHEN MANNES ERHOLUNG, IZAAK WALTON (1653)

Es ist zweifellos wahr, dass süß duftendes Leinen ein besonderes Vergnügen ist. Heute bringen wir den Duft von Lavendel noch immer mit sauberer Wäsche in Verbindung. In Ihrem Wäscheschrank wird der Inhalt, wenn er mit Lavendelsäckchen beduftet ist, einen Wohlgeruch verströmen, den man mit einer sorgfältigen Haushaltsführung assoziiert.

Lavendelsäckchen

Die einfachsten Lavendelsäckchen bestehen lediglich aus einem Stoffsäckchen, das mit getrockneten Lavendelblüten gefüllt ist. Damit aber der Duft lange anhält, empfiehlt es sich, zusätzlich Iriswurzelpulver und Lavendelöl hinzuzufügen. Das Iriswurzelpulver fungiert als Fixiermittel und sorgt dafür, dass der Duft nicht so rasch verfliegt; da es jedoch sehr fein ist, sollten die Säckchen aus dicht gewebtem Stoff genäht werden, wie etwa Chintz oder Baumwollbatist.

100 g Lavendelblüten
25 g Iriswurzelpulver
25 Tropfen Lavendelöl
4 Stoffsäckchen von etwa 10 x 15 cm Größe
4 Stoffbändchen von 20 cm Länge

Lavendelblüten, Iriswurzelpulver und Lavendelöl in einer großen Schüssel vermischen. Die Stoffsäckchen gleichmäßig damit füllen und oben mit den Bändern zubinden.

»Lavendelflaschen«

Dies ist eine traditionelle Methode, Lavendel aufzubewahren, wobei die Stiele wie eine Art Käfig die Blüten umschließen, sodass die Blütenköpfe intakt bleiben und ihren Duft verströmen.

Für jede »Flasche«:
25 frische Lavendelstiele
Grüner Bindebast
Schere

Den Lavendel so zu einem Bündel zusammennehmen, dass die Basen der Blütenköpfe alle auf einer Höhe stehen. Die Stiele direkt unterhalb der Blütenköpfe stramm, aber nicht zu fest mit Bindebast umwickeln und die Enden abschneiden. Die Blütenköpfe in eine Hand nehmen und mit der anderen Hand systematisch die Stiele über die Blütenköpfe legen, bis sie vollständig von ihnen umschlossen werden und sich eine »Flasche« gebildet hat. Die Stiele ungefähr auf halber Höhe zusammenbinden und mit einer Schere gerade schneiden.

Linke Seite: Einfache »Lavendelflaschen« sehen besonders hübsch aus, wenn man Stoffbänder zwischen die Stiele flicht.

Unten: Ein Lavendelkranz ist zu schön, um verborgen in einem Wäscheschrank zu liegen. Hängen Sie ihn im Schlafzimmer als duftende Dekoration an die Wand.

Rechts: Ein Bündel Lavendel, das man an einen Türbeschlag hängt, verströmt beim Öffnen und Schließen der Tür seinen Duft.

Bezugsquellen

American Quilts
Kristina Homann-Kümmel
Hannoversche Straße 16
29693 Hademstorf
Tel.: 0 50 71/91 27 36
(Entwurf und Anfertigung)

Ambiente Country & Home
Seckenheimer Hauptstr. 98
68239 Mannheim
Tel.: 06 21/47 90 86
Fax: 06 21/47 93 20
(Prospekte werden auf Faxanfrage zugeschickt)

Antike amerikanische Quilts
Eva und Peter Ziegler
Hauptstraße 21
83093 Hemhof/Chiemgau
Tel.: 0 80 53/22 70
(1870–1940, speziell Amishquilts, Termine nach Vereinbarung)

ANCORA® INTERNATIONAL
Dachauer Straße 105
80335 München
Tel.: 0 89/54 27 66-0
Fax: 0 89/54 27 66 66
(Reinigungs- und Pflegemittel aller Art, professionelle Bodenbeschichtungs- und Pflegesysteme aus Amerika)

Laura Ashley
Neuer Wall 39
20354 Hamburg
Tel.: 0 40/ 37 11 73

Sendlinger Straße 37
80331 München
Tel.: 0 89/ 2 60 82 24

R. Bona
Oberer Triftweg 16
38640 Goslar
Tel.: 0 53 21/2 27 54
(Spezialversand für antiken Leinendamast, Einzelstücke)

casa viva
Fachhandel für ökologisches Bauen und gesundes Wohnen
Vogelbergstr. 25
60316 Frankfurt am Main
Tel.: 0 69/49 70 40-0
Fax: 0 69/49 70 40-2
(Naturfarben, natürliche Reinigungsmittel, Fußböden und Bodenbeläge, Vorhänge, Naturbettwaren, Potpourris, Duftkugeln, Aromaöle und Zubehör)

Colefax & Fowler GmbH
Georgenstraße 34
80799 München
Tel.: 0 89/3 39 97 20

The Conran Shop
Große Elbstraße 68
22767 Hamburg
Tel.: 0 40/30 62 13 20
(Versand von Holzmöbeln, Stoffen, Porzellan, Bestecken; Katalog anfordern)

Dachverband Arbeitsgemeinschaft der Verbraucherverbände e. V.
Heilsbachstraße 20
53123 Bonn
Tel.: 02 28/64 89-0
Fax: 02 28/64 42 58
(Anschriften der Verbände in jedem Bundesland, allgemeine Verbraucherfragen, Produktberatung, Ernährungsberatung und Verbraucherrecht)

Dachverband Deutsches Teppich-Forschungsinstitut
Charlottenburgerallee 41
52068 Aachen
Tel.: 02 41/96 79 00

Deutsche Werkstätten
Bethmannstraße 50–54
60311 Frankfurt
Tel.: 0 69/28 87 34
(Möbelhaus, Porzellan; Prospekt anfordern)

DIE DRITTE HAUT GmbH
Venloer Straße 59
50672 Köln
Tel.: 02 21/52 54 12
(Natürliche Baustoffe und Farben, Möbel für die Inneneinrichtung aus natürlichen Baustoffen, Böden aller Art; Versand nur im Einzelfall möglich; baubiologische Beratung)

FLORALI
Die Blumenwerkstatt
Herterichstraße 57
81479 München
Tel.: 0 89/7 91 11 55
Fax: 0 89/7 90 01 67

Pierre Frey Deutschland GmbH
Franz-Joseph-Straße 15–17
80801 München
Tel.: 0 89/ 38 38 64-0
(Großhandel für neue Stoffe mit alten Mustern)

Gesund & Farbig Naturbauhaus
Fleethörn 59
24103 Kiel
Tel.: 04 31/97 02 88
(Bodenbeläge aus Sisal, Kokos, Holz und anderen Naturmaterialien, Teppiche)

GREEN CLEAN
Beata Moblad
Tel./Fax: 0 89/8 12 83 62
(Vertrieb von Reinigungsmitteln)

Hebo
F. Aug. Henjes GmbH & Co.
Postfach 1155
28871 Oyten
Tel.: 0 42 07/69 80
Fax: 0 42 07/6 98 40
(Bodenbeläge)

JAB Josef Anstoetz
Potsdamer Straße 160
33719 Bielefeld
Tel.: 05 21/2 09 30
(Stoffe im alten Stil)

Kaiser's Küchen
Sollner Straße 43 b
81479 München
Tel.: 0 89/79 04 01-0
Fax: 0 89/79 04 01 50
(Aga-Herd)

Kare Landhaus
Lindwurmstraße 76
80337 München
Tel.: 0 89/7 25 20 15
Fax: 0 89/7 25 81 83
(Landhausmöbel)

PRIMAVERA Life
Am Fichtenholz 5
87477 Sulzberg
Tel.: 0 83 76/8 08-0
Fax: 0 83 76/8 08-39
(Vertrieb und Export von ätherischen Ölen und Kosmetika)

Pro · Idee
Versand GmbH & Co. KG
Auf der Hüls 205
52053 Aachen
Tel.: 0 18 05/10 91 11
Fax: 02 41/10 91 21
(ANTIQUAX – spezielle Möbelpolitur auf der Basis erlesener Wachse wie Bienen- und Karbaunawachs, SILVER PLATER, SILVER ENHANCER – Silber und Versilberungen zuverlässig pflegen; WHITE WIZARD – der zuverlässige Fleckentferner für Textilien, Leder, Teppiche und Polster)

PROLANA Naturbettwaren
Am Langholz 3/E
88289 Waldburg-Hannober
Tel.: 0 75 29/9 72 10
Fax: 0 75 29/97 21 21
(Katalog anfordern)

RENAISSANCE WAX
(Silber, Messing, Kupfer und Bronze pflegen. Das Mittel wird neuerdings international vermarktet, kann über Internet bestellt werden)

Karl Schrader
Inh. Ulrich Hoppe
Baustraße 1–5
37574 Einbeck
Tel.: 0 55 61/7 22 90
(Teppiche, Kork, Wolle, Sisal, Kokos, Seegras)

Scottish Lifestyle
Catherine Dolderer GmbH
Kiefernweg 6
65558 Gückingen
Tel.: 0 64 32/98 90 44

SPINNRAD
Am Luftschacht 3 a
45886 Gelsenkirchen
(Naturkosmetik und Zubehör)

Textilgalerie Vossberg
Isestraße 49
20149 Hamburg
Tel.: 0 40/48 15 86

Vaeverie Einrichtungen GmbH
Blutenburgstraße 82
80636 München
Tel.: 0 89/1 29 19 77
Fax: 0 89/1 23 65 82
(Bodenbeläge aus Kokos, Sisal, Jute, Wolle, Baumwolle; Teppiche)

ZBÖ – Naturfußboden Vertriebs GmbH
Gewerbestraße 19
79219 Staufen
(Versand von Fußböden aus Naturmaterialien)

ZBÖ – Natürliche Raumgestaltung Vertriebs GmbH
Gewerbestraße 17
79219 Staufen
Tel.: 0 76 33/50 00 16
(Versand von Möbeln aus Holz)

Register

Rezepte

Bildnachweis

Caroline Arber, Seiten 7, 26 (oben), 44, 72, 101, 105, 109, 113, 117
Jan Baldwin, Seiten 50, 92, 94
Tim Beddow, Seiten 22, 28
Clive Boursnell, Seite 85
Yvonne Catterson, Seite 51
Charlie Colmer, Seiten 37, 61
Harry Cory Wright, Seiten 36, 73, 81
Christopher Drake, Seiten 2, 5, 10, 14, 15, 18, 19, 30, 31, 45, 53, 66, 70, 78
Andreas von Einsiedel, Seiten 8, 17, 119
Kate Gadsby, Seiten 39 (rechts), 77
David George, Seite 29
Melvin Grey, Seite 16 (links)
Huntley Hedworth, Seiten 38, 39 (links), 68, 71, 118
Frank Herholdt, Seite 27
Christopher Hill, Seiten 69, 83
Tom Leighton, Seite 114
Lisa Linder, Seiten 48 (links und rechts), 49
Simon McBride, Seite 58
Jill Mead, Seiten 50, 56, 57
James Merrell, Seiten 16 (rechts), 24 (rechts), 43, 47, 74, 75, 98, 106
Gloria Nicol, Seiten 120 (links und rechts), 121
Debbie Patterson, Seite 63
Bridget Peirson, Seiten 62, 64, 65 (oben und unten), 96 (links und rechts), 97
Alex Ramsey, Seiten 21, 23, 33
Trevor Richards, Seite 90
Kim Sayer, Seite 55
Pia Tryde, Seiten 13, 24 (links), 25, 76, 78, 104, 110
Simon Upton, Seite 40
Peter Williams, Seiten 1, 89
Ling Wong, Seiten 34, 86
Polly Wreford, Seite 26 (unten)

Bitte beachten Sie auch die folgenden Titel aus dem Christian Verlag:

ELIZABETH WILHIDE & JOANNA COPESTICK

Ethno-Style

1000 Einrichtungsideen aus Marokko, Indien, Mexio, Japan …

Das erste Einrichtungsbuch zum aktuellen Ethno-Look mit Beispielen und Wohnideen aus 15 Ländern. Es gibt Anregungen und Tipps für die Dekoration von Wänden, Böden, Türen, Fenstern und Einrichtungsaccessoires und beschreibt 13 konkrete Projekte mit detaillierten Arbeitsanleitungen.

144 Seiten mit 281 Farbfotos.

ELIZABETH WILHIDE & JOANNA COPESTICK

Moderner Wohnstil

1000 Einrichtungsideen und 14 Projekte für die Gestaltung von Wänden, Böden, Fenstern und Möbeln

Der moderne Wohnstil ist großzügig, flexibel und funktional. Er verbindet klare Formen mit den sinnlichen Qualitäten von Farben und Strukturen. Eine Fülle von Gestaltungsideen und 14 praktische Projekte machen es leicht, den neuen Look ohne großen Aufwand und auch mit kleinerem Budget zu verwirklichen.

144 Seiten mit 205 Farbfotos.

ERIK BORJA & PAUL MAURER

Zen-Gärten

Gärten gestalten im japanischen Stil

Das erste Buch, das Anleitung und praktische Ratschläge zur Gestaltung des eigenen Gartens, aber auch kleiner Gärten oder einzelner Gartenbereiche im japanischen Stil bietet. Kulturgeschichte und Stilkunde der Zen-Gartenkunst. Einführung in die Grundlagen der Zen-Lehre. Prachtvoller Bildband mit Detailzeichnungen und Lageplänen.

168 Seiten mit 165 Farbfotos und 23 Zeichnungen.

ANOOP PARIKH

Praxisbuch: Renovieren, Einrichten, Dekorieren

Mit Umzugs- und Raumplaner

Ein moderner, praktischer Ratgeber für alle, die umziehen, die Wohnung von Grund auf erneuern oder einfach nur mit möglichst geringem finanziellem Aufwand auffrischen wollen. Mit Planungsseiten, Übersichtsseiten der benötigten Materialien, mit Projekt- und Designseiten.

176 Seiten mit 182 Farbfotos sowie 8 Skizzen und 42 Arbeitsblättern.

STEPHANIE HOPPEN & FRITZ VON DER SCHULENBURG

Wohndesign in Blau & Weiß

Räume, Möbel, Keramik, Stoffe

Ein ganzes Universum blauweißer Wohnwelten – schlichte Stillleben, beeindruckende Porzellansammlungen und opulente Interieurs komplett in Blau & Weiß. Die Autorin führt durch sämtliche Wohnbereiche von der Küche bis zum Bad: Antike Kostbarkeiten treffen auf modernes Design. Hier können sich Blauweiß-Fans inspirieren lassen.

160 Seiten mit 190 Farbfotos und 19 farbigen Abbildungen von Gemälden.

JOHN SUTCLIFFE

Gestalten mit Farben auf Wasserbasis

Traditionelle Anstriche und Dekorationstechniken für Wände und Möbel

Dieses Buch behandelt erstmals die traditionsreiche und gestalterisch anspruchvolle Arbeit mit Leim- und Kaseinfarben sowie mit anderen Farben auf Wasserbasis im Zusammenhang mit dem Aspekt der Umweltverträglichkeit und Gesundheit. Der Autor zeigt die breite Anwendung dieser Farben und gibt Anleitungen zu den verschiedenen Techniken.

168 Seiten mit 255 Farbfotos und 48 farbigen Abbildungen.

FIONA BECKETT

WeinVerFührer

Ein Weinkurs, der Sie auf den Geschmack bringt

Einmalig: die grafische Darstellung aller Weinstile und Weinaromen in Aromakreisen (auch für verdorbene Weine!). Die 6 meist geschätzten Rebsorten auf dem Prüfstand, außerdem die Eichenfassnote an 4 konkreten Beispielen. Eine Anleitung zur professionellen Weinverkostung. Liebhaber eines speziellen Weinstils finden konkrete Empfehlungen für Weine aus den verschiedensten Anbaugebieten, für „kleine" und „große" Weine aus aller Welt. Für Einsteiger, aber auch für „fortgeschrittene" Weinkenner.

144 Seiten mit 187 Farbfotos sowie 18 Landkarten.

JENI WRIGHT & ERIC TREUILLE

Die neue Kochschule

Handbuch der Küchentechnik mit 250 Rezepten

„Dieses Buch lässt als Kochbuch keine Wünsche offen. Die Arbeitsabläufe sind durchweg nachvollziehbar beschrieben, sehr hilfreich dabei die guten Arbeitsschrittfotos. Gute Rezepte, als Nachschlagewerk für Berufsanfänger zu empfehlen". (Gastronomische Akademie Deutschlands GAD)

Ausgezeichnet mit der Goldmedaille 1998 der GAD e.V.

352 Seiten mit 2000 Farbfotos und 250 Rezepten.

KATHY BROWN & MICHELLE GARRETT

Blüten zum Reinbeißen

Die schönsten Rezepte sowie Tipps zum Anbau

Blüten in der Küche zu verwenden ist auch hierzulande ein aktueller Trend. In diesem Buch finden Sie u.a.: die 60 schönsten Rezepte mit essbaren Blüten; 47 Pflanzen im Portrait; Ideen, Tipps und Anleitungen zum Anbau und zur Verwendung dieser Blumen; 400 informative und inspirierende Farbfotos.

160 Seiten mit 400 Farbfotos.

RAY FOLEY (HRSG.)

Das Bar-Handbuch

Mixguide mit 400 Rezepten

Der benutzerfreundliche Guide für den privaten und professionellen Barkeeper. 400 internationale Mixrezepte für Cocktails, Aperitifs, Digestifs, Drinks (auch ohne Alkohol). Von der Einrichtung einer Hausbar bis zur gelungenen Cocktailparty. Mit drei Registern. Elegante Ausstattung des Buches. Mit Lesebändchen.

336 Seiten mit 87 Fotos, 566 Zeichnungen und 6 Karten

LORNA WING

Party Food

Feiern mit Witz und Stil – Menüs, Drinks, Planung

Die Autorin hat die professionellen Tipps, die raffiniertesten Rezepte und coolen Drinks (mit und ohne Alkohol), die stimmungsvollen Dekorationen für anspruchsvolle und kleine Einladungen, trendige Glamour-Partys und konventionelle Feste und vor allem die neuen Ideen, mit deren Hilfe auch Gastgeber mehr Spaß am Feiern haben.

160 Seiten mit 158 farbigen und 10 s/w-Fotos.

LARRY WALKER & WINK LORCH (HRSG.)

Der Wein-Guide

Mit einem detaillierten A–Z des Weins

Für alle, die den Vorteil des „zwei Bücher (Führer & Lexikon) in einem Band" nutzen wollen. Das aktuelle Weinwissen von A-Z mit 1280 Stichwörtern. Lese- und Weingenuss, Kochen mit Wein, welcher Wein zu welchem Essen. Die klassischen Weinbaugebiete, alles über die modernen Methoden der Weinbereitung und die Weine der Neuen Welt. Ein übersichtlicher Führer in eleganter Ausstattung. Mit Lesebändchen.

320 Seiten mit 80 Fotos, 230 Zeichnungen und 16 Karten.